Evandro Carlos Torezan

# Cora e eu

Aventuras de um ciclista solitário
pelo Caminho de Cora Coralina

1ª edição

Brasília
Edição do Autor
2019

*Ficha técnica*

*Coordenação e organização*
*Evandro Carlos Torezan*

*Fotos da capa*
*Evandro Carlos Torezan*

*Projeto gráfico e capa*
*Evandro Carlos Torezan*

T681c    Torezan, Evandro Carlos, 2019
          Cora e eu / Evandro Carlos Torezan. --
          Brasília,DF: 2019
          1ª edição
            100 p.

          ISBN 978-85-923256-1-9

            1. Caminho de Cora Coralina 2.
          Cicloviagem 3. Narrativas pessoais I. Evandro
          Torezan II. Título

                                        CDD 918.1
                                        CDU 82-94

Para Vó Santa,
que em 2019 completou
101 anos de idade.

Evandro Torezan

# I

# Introdução

Trinta dias antes, tudo parecia resolvido. Férias marcadas, amigos ciclistas confirmados, grupo formado. Chegava o momento de outra cicloviagem. Desta vez, o recém-inaugurado Caminho de Cora Coralina foi a rota escolhida. Contudo, com o passar desses trinta dias ... meus companheiros desistiram de acompanhar-me. Um deles capitulou frente ao poderio conjugal. O outro declarou-se sem recursos financeiros. E agora? Desistir? A ideia de cicloviajar sozinho não estava em meus planos, mas eles começaram a mudar por um acaso do destino.

Anualmente, o Sindilegis (Sindicato dos Servidores do Poder Legislativo Federal e do Tribunal de Contas da União), para comemorar o Dia do Servidor Público, convida alguma personalidade famosa para palestrar aos seus associados. Quando soube que, em 2018, Amyr Klink seria o palestrante, fiquei empolgado. Conheço Amyr desde a adolescência, de nome, é claro. Resgatei, então, velho livro de Amyr, *Cem dias entre céu e mar*, de 1985, e comecei a lê-lo. Nos primeiros capítulos a ideia de viajar sozinho começou a tomar forma.

No livro, Amyr relata a aventura que o fez famoso. Num pequeno barco de madeira, o I.A.T, o navegador atravessou o Oceano Atlântico, remando da África até o Brasil. Solitário em seu barco, Klink teve que ser meticuloso no planejamento da viagem. Qualquer erro de cálculo poderia ser fatal. Teve que pensar em muita coisa: alimentação, hidratação, projeto do barco, comunicação, burocracia. Isso tudo numa época sem Internet. Em seus cem dias de isolamento, teve como companhia peixes, baleias e tubarões. Guiou-se como os antigos navegadores, pelo sol e pelas estrelas, pois o Sistema de Posicionamento Global (GPS) tornou-se operacional apenas em 1995, mais de dez anos após sua viagem.

Conforme avancei na leitura, decidi: iria cicloviajar sozinho! É claro que os feitos não são comparáveis. O livro de Amyr apenas me ajudou a decidir, inspirou-me a tentar uma experiência nova. Se ele atravessou um oceano inteiro e chegou vivo ao outro lado, porque eu não poderia pedalar cerca de quatrocentos quilômetros solitário pelo interior de Goiás?

O planejamento evoluiu. Viajaria num domingo, após o feriado de 12 de outubro, evitando encontrar hotéis lotados. Preparei meus *tracklogs* com cuidado.

Decidi sair pedalando de minha casa, alongando o percurso em mais de cem quilômetros. Não precisaria usar as estrelas para guiar-me por terras goianas pois, além do GPS Garmin, tinha ainda o celular, que possui antena GPS, como *backup*. Santa tecnologia!

A preparação da *bike* foi especial. Em minha cicloviagem pelo Caminho de Santiago, em maio de 2018, tive problemas com a bicicleta. No transporte, quebrou-se o bagageiro. Quando percebi o problema, ao montar a *bike* na pequena cidade francesa de Saint Jean Pied de Port, fiquei preocupado: "Como vou arrumar isso aqui na França?" Explico: o quadro que levei, Scott Scale 960, não é preparado para instalação de bagageiros e tive que fazer adaptações. Meu amigo Dalton Schneider usou seus dotes de serralheiro e adaptou um antigo bagageiro de canote ao meu quadro. O serviço ficou ótimo e aguentou o tranco por quatro anos. Porém, em emergências como essa, o quadro Scott não permite que eu vá até a loja mais próxima e compre bagageiro novo. Tive que encontrar um soldador na França! Você sabe como se diz "solda" em francês? Pois é. Eu também não sabia, nem em inglês, nem em espanhol.

Com esse incidente, decidi trocar o quadro e comprar bagageiro reforçado quando voltasse ao Brasil. Depois de muita pesquisa e conversa com colegas cicloviajantes, adquiri quadro First Atrix e bagageiro Topeak Explorer para *bikes* de aro 29 com freio a disco. Tudo chegou pelo correio faltando um mês para a viagem. Tive tempo de sobra para montar a *bike* nova e testá-la.

Tudo pronto. Só faltava partir.

# II

# Cora Coralina e o caminho

## Cora Coralina

Ana Lins dos Guimarães Peixoto nasceu em 1889 em Villa Boa de Goyaz, atual Cidade de Goiás, a primeira Capital do Estado. Em sua infância, Ana estudou dois "livros" (na época, o ensino não era dividido em séries, mas sim em livros), aprendendo a ler, escrever e realizar operações matemáticas básicas. Aos quatorze anos de idade começou a escrever poemas e contos sob o pseudônimo de Cora Coralina, que, segundo ela, significa Coração Vermelho.

Fugiu de casa aos 22 anos, com o advogado divorciado Cantídio Tolentino de Figueiredo Brêtas, indo morar no interior de São Paulo. Em 1934, 45 anos de idade, ficou viúva. Mudou-se, então, para a Cidade de São Paulo onde trabalhou como vendedora de livros para sustentar os filhos. Em 1956, voltou à Cidade de Goiás sozinha, pois seus filhos estavam todos casados. Foi morar na casa onde nasceu, à margem do Rio Vermelho, no centro da cidade. Lá, dedicou-se à produção de doces, ofício que, assim como a escrita, marcou sua vida. Num de seus versos, declara: *"Sou mais doceira e cozinheira do que escritora"*.

Seu primeiro livro publicado foi *Poema dos Becos de Goiás e Estórias Mais*, quando tinha mais de setenta anos de idade. A partir daí, ganhou notoriedade, chegando inclusive a ocupar a cadeira número cinco da Academia Feminina de Letras e Artes de Goiás. Em 1980, recebeu elogios de Carlos Drummond de Andrade e tornou-se popular.

Ana morreu em Goiânia, em 1985, aos 94 anos de idade.

Sua poesia retrata o cotidiano de sua vida, sua relação com a natureza e com a sociedade. Retrata o dia a dia da sociedade goiana, o homem do campo, o lavrador, o gado.

## O Caminho de Cora Coralina

Ao contrário do que muitos pensam, Cora Coralina não percorreu o caminho que leva seu nome. Trata-se apenas de homenagem à poetisa de renome internacional que é uma das maiores representantes da cultura goiana. Seus versos decoram o caminho.

Quando menos se espera, no meio das matas, nas curvas das estradas, na beira de rios, surgem placas com trechos dos poemas de Cora.

Os textos foram retirados de livros de Cora, como *Meu livro de cordel*, *Vintém de cobre* e *Poemas dos becos de Goiás e estórias mais*. Quem confeccionou as placas não teve o cuidado que Aninha merece. Há palavras trocadas, erros de digitação, vírgulas e pontos não colocados nos lugares originais, letras maiúsculas trocadas por minúsculas. Conferi todos os textos que foram reproduzidos neste livro e corrigi os erros. Contudo, eu não consegui encontrar a fonte de alguns deles, os quais deixei como estavam grafados nas placas do caminho.

O Caminho de Cora Coralina é uma trilha de longo curso. São trezentos quilômetros pelo interior de Goiás. O caminho passa por cidades históricas, fazendas, unidades de conservação ambiental públicas e particulares. O percurso liga Corumbá de Goiás à Cidade de Goiás, popularmente conhecida como Goiás Velho. Ele não é o menor caminho entre as cidades. O que se buscou foi fazer o melhor caminho, com mais cidades históricas e mais parques naturais. Para percorrê-lo, basta seguir as pegadas amarelas em que se lê o nome "Cora" estilizado. Elas estão pintadas em árvores, pedras, placas, cercas.

O projeto do caminho foi desenvolvido pela Agência Estadual de Turismo de Goiás mas ficou

Evandro Torezan

engavetado por longos anos, em que algumas ações pontuais foram executadas, como a colocação de placas, a definição do roteiro, a elaboração de projeto executivo, mas a rota acabou esquecida e os poucos corajosos que tentavam percorrê-la encontravam trechos abandonados e pouca informação. Em 2018, a Goiás Turismo tirou o projeto do papel e materializou-o. Quem o percorre passa por belas cachoeiras, toma banhos em rios de água cristalina, come deliciosas comidas caseiras, vê a história preservada em antigos casarões, igrejas e prédios históricos.

São velhos caminhos, alguns existentes desde o século XVII, quando os bandeirantes devassaram as terras do Centro Oeste brasileiro em busca de riquezas. Alguns já viraram asfalto, mas o projeto tentou, ao máximo, seguir por rotas de terra.

Apesar de não ser rota de peregrinação religiosa, o caminho passa por várias igrejas que podem ser visitadas.

Os diferenciais do Caminho de Cora são:

- As poesias de Cora Coralina, encontradas em placas ao longo do caminho;
- A culinária goiana que pode ser apreciada nas cidades;
- Cidades históricas como Pirenópolis, Corumbá de Goiás e Cidade de Goiás;

- Paisagens naturais como o Salto Corumbá, o Parque dos Pireneus e a Serra de Jaraguá.

É uma das melhores trilhas de longo curso do Brasil. Percorra-a sem pressa.

Evandro Torezan

# III

# Dicas

## Não viaje sozinho

É tenso cicloviajar sozinho. Eu fui só, mas provavelmente não repetirei a experiência. Se acontecer algum problema você não terá ajuda de ninguém! Mesmo tendo conhecimentos mecânicos, certas panes do equipamento necessitam de mais do que duas mãos para serem sanadas. Em caso de algum acidente grave, pode ser que o resgate não chegue a tempo. É melhor ter sempre alguém com você.

## GPS é fundamental

Não viaje sem GPS com *tracklog* carregado. A marcação do caminho existe, mas não é integral. Há pontos falhos e confusos, além de trechos com marcações muito espaçadas que lhe deixarão em dúvida.

### *Tracklog* atualizado

Baixe o *tracklog* atualizado no *site serpedalante.com/cora* . O *tracklog* que eu levei, baixado de um *site* da Internet, tinha alguns furos que me deixaram perdido por alguns minutos, até reencontrar o caminho. Eu percorri 100% do caminho e gravei todo o percurso. Faça o *download* e siga seguro!

### Cuidado com os animais

Não são animais selvagens que lhe importunarão, o problema são os domésticos. Há muito gado. Passe com cuidado pelas pastagens e mangueiras. Não os assuste. Não os surpreenda. Não os encurrale. Passe agrupado. Fêmeas paridas são perigosas, nervosas, afaste-se delas.

Se algum cachorro correr atrás de você, não pare de pedalar. Jogue água nele com a caramanhola.

### Alimentação

A comida goiana é ótima. É mais fácil encontrar restaurantes abertos durante o dia. De noite, há opção de comida de rua. Use e abuse dos "espetinhos com jantinha". Eles são a revolução da gastronomia urbana. Refeição simples e barata que tem churrasco e, geralmente, arroz, mandioca, salada e feijão. Vai garantir energia para o dia seguinte.

**Trechos**

Dia 0: **Brasília - Corumbá de Goiás** (distância: 118 km / subida: 1749 m)

Chamei de dia zero pois o trecho não faz parte do Caminho de Cora Coralina, mas para quem quiser incluir mais duas cidades históricas no caminho, é opção viável. Parte-se de Brasília, passando por Santo Antônio do Descoberto e Olhos D'água. Almoce em Olhos D'água. Depois, é quase só asfalto. Também há outros caminhos para chegar a Corumbá, mais curtos, sem passar por Olhos D'água.

Dia 1: **Corumbá de Goiás - Pirenópolis** (distância: 55 km / subida: 1125 m)

Apesar da distância pequena, o percurso é demorado. Curta cada metro pois é o trecho mais bonito de toda a viagem. Entre o Parque dos Pirineus e Pirenópolis tem muito *singletrack*, algumas partes tem tantos pedregulhos que não dá pra pedalar, e outras, no meio da mata, são confusas. Almoce no Camping Sombra da Mata (o caminho passa dentro dele), que se localiza depois da Rodovia Parque dos Pireneus. Poucos quilômetros depois do *camping*, você vai entrar na Trilha do Ouro, que margeia o Rio das Almas e termina no centro de Pirenópolis. É nessa trilha que estão todas as cercas que você terá que pular nesse dia, aproximadamente dez. É difícil passar sozinho se a *bike* estiver carregada. Se você acha que não conseguirá pular as cercas, siga pelo asfalto até a cidade.

## Dia 2: Pirenópolis - São Francisco de Goiás
(distância: 78 km / subida: 1660 m)

É um trecho cansativo. A passagem pelo Rio das Pedras é complicada para quem está com *bike* carregada. O ciclista terá que retirar a carga para atravessar uma pequena barragem. A Serra de Caxambu é um belo desafio, tanto para subir quanto para descer.

Há mercearias em Caxambu, onde é possível lanchar. Almoce em Radiolândia, no Mercado Miranda. Encomende previamente o almoço, principalmente se estiver em grupo. De Radiolândia a São Francisco são aproximadamente 25 km sem grandes subidas.

## Dia 3: São Francisco de Goiás - Jaraguá
(distância: 40 km / subida: 883 m)

Geralmente, no terceiro dia, os ciclistas seguem até Itaguari. Como a subida da Serra de Jaraguá é muito bonita, resolvi subir sem pressa e dormir em Jaraguá. De São Francisco até o início da serra o percurso acompanha o Rio Jari, por isso, não há grande variação altimétrica.

Para subir a Serra de Jaraguá você tem três alternativas:

1ª) Caminho oficial: são duas horas e meia no meio do mato/cerrado com uma hora de empurra-*bike*. A trilha sobe pelo lado oeste da serra, alcança o mirante e desce para Jaraguá. É um percurso bem difícil, principalmente o empurra-*bike*, que tem trechos muito íngremes. É bem difícil passar sem ajuda, mas a paisagem compensa o esforço.

2ª) Percurso invertido: são duas horas no meio do mato/cerrado com trinta minutos de empurra-*bike* na descida. Siga direto para Jaraguá, suba para o mirante e depois desça pelo *single*. A subida invertida é totalmente pedalável, difícil, mas pedalável. Descer pelo *single* vai ser difícil, mas bem mais fácil do que subir, e você poderá curtir a paisagem.

3ª) Percurso invertido sem *single*: uma hora no meio do mato/cerrado. Siga direto para Jaraguá e suba até o mirante. Desça pelo mesmo caminho. Você vai evitar o *single* e economizar mais de uma hora, mas não perderá o visual do alto da Serra de Jaraguá.

Se tiver tempo, pernoite em Jaraguá, senão, almoce e siga até Itaguari. Se você for pernoitar em Jaraguá, há também a opção de ir direto para a cidade, deixar os alforjes no hotel e voltar, fazendo a subida sem peso.

Dia 4: **Jaraguá - Itaguari** (distância: 50 km / subida: 895 m)

Você percorrerá partes do caminho por onde passou no dia anterior. Ao pegar a bifurcação para a Vila Aparecida, começam a aparecer trechos novos. Depois, passará por outros pequenos povoados como Alvelândia e Palestina. Trecho com muitas lavouras e pastagens. Itaguari é cidade pequena com apenas uma opção de hospedagem.

Outra opção viável é pedalar até São Benedito e de lá seguir para Itaberaí, cidade maior, com mais hotéis e pousadas. No outro dia, você teria que voltar a São Benedito para continuar o caminho.

Dia 5: **Itaguari - Cidade de Goiás** (distância: 91 km / subida: 1336 m)

Em São Benedito há um bar na margem da rodovia que cruza o povoado, onde se servem tapiocas, boa opção para lanche; e marmitas, para quem quiser almoçar. Logo depois de São Benedito, quando o caminho volta para a estrada de chão, há um balneário, ótimo local para descanso. Almoce em Calcilândia, num bar na entrada da cidade onde sempre há caminhões parados. A proprietária prepara almoço. Se for um grupo grande, é melhor encomendar previamente. Cuidado na saída de Calcilândia para não se perder. Tem uma placa confusa indicando "Goiás". Pegue a estreita estrada da esquerda, que sai da mais larga. A partir daí, o caminho fica mais bonito, porém mais difícil, passando por áreas de cerrado e matas isoladas. Depois de sair dessa área isolada, entra-se numa pastagem com trechos de mata onde é preciso ter muita atenção para não se perder. Quando chegar ao asfalto, a poucos quilômetros da Cidade de Goiás, o caminho original entrava numa porteira à direita para pegar a Estrada Real, porém, o proprietário da área fechou o acesso e agora é necessário seguir pela rodovia até a cidade.

Evandro Torezan

# IV

# Dia zero

**Brasília, 14 de outubro de 2018**

*"Numa ânsia de vida eu abria o vôo nas asas impossíveis do sonho."* **Cora Coralina**

Estava ansioso pela partida. Às vezes decidimos algo que contraria nossas convicções e essa contradição fica cando voltas na cabeça. E se a *bike* quebrar? E se chover tanto que pedalar torne-se impossível? E se a noite me pegar na trilha, longe de cidades? E se eu cair de uma ponte, machucar-me e ficar escondido na calha do rio? Apesar de ter soluções para quase tudo, eu estava tenso e não dormi muito bem.

Mas o que seria do homem se não desafiasse seus medos? Se ficasse em casa vendo a vida passar? Essa curiosidade é que leva a humanidade para a frente. O frio na barriga antes de enfrentar o desconhecido, a boca seca, o medo mantém-nos em alerta e faz-nos preparar para o que está por vir. Devemos enfrentar nossos medos, não para superá-los, apenas para aprendermos a conviver com eles.

Quatro e quarenta e cinco da madrugada. Tenso, mas preparado, saí de casa para uma experiência diferente: cicloviajar solitário pelo interior de Goiás. Carregava na bicicleta tudo que precisava para sobreviver durante a semana. Essa é uma sensação que gosto muito de sentir quando saio por aí em minhas aventuras. Viver é simples, a vida exige muito pouco, nós é que complicamos tudo.

Na saída do condomínio, o porteiro, vendo-me levando a *bike* carregada, perguntou-me em tom de brincadeira: "Vai viajar?" As pessoas ainda acham estranho que alguém que tenha carro viaje, ou vá ao trabalho, de bicicleta. Pensam que bicicleta é coisa de criança ou de quem não tem condições de comprar um carro. Em Brasília, cidade que tem muitos ciclistas, esse preconceito é mais brando, mas existe. Respondi que sim, que iria para Goiás. Então ele perguntou-me se eu estava indo para o Entorno (território goiano que faz divisa com o Distrito Federal). Expliquei-lhe que estava indo para a Cidade de Goiás e que levaria quatro ou cinco dias para chegar ao meu destino. Ele fez cara de incredulidade. Sem alongar a conversa, parti.

Pedalei até a Estação Arniqueiras do Metrô/DF, ponto de encontro marcado previamente com Silvio Sá. Pelo menos no primeiro dia eu teria companhia. Ele não demorou a chegar.

Continuamos subindo pelas ruas de Águas Claras e passamos por Taguatinga antes de chegar à BR-060. O primeiro dia de uma cicloviagem é de adaptação ao peso da bagagem. As subidas ficam mais difíceis, a *bike* perde agilidade. Seguimos pela BR, passando por Samambaia, onde o sol começou a nos aquecer. Depois do entroncamento da BR-060 com a DF-180, pegamos desvio por estrada de chão que nos levou diretamente ao Setor Habitacional Água Quente, na DF-280, passando pelos acampamentos de sem-terras que existem na área e cruzando o Ribeirão Samambaia duas vezes. Com 35 km, atravessamos a ponte sobre o Rio Descoberto, divisa oeste do Distrito Federal, e chegamos a Santo Antônio do Descoberto.

## Santo Antônio do Descoberto

Santo Antônio, hoje "do Descoberto", era "dos Montes Claros". A região montanhosa entre a Ponte Alta (Gama) e Santo Antônio era conhecida, nos tempos dos bandeirantes, como Montes Claros. Em 1722, a bandeira de Bartolomeu Bueno da Silva, o Anhanguera-Filho, montou acampamento no lugar onde se formou a cidade. Com o descobrimento de ouro em 1757, todo o entorno da cidade transformou-se numa imensa mina, chegando a ser a terceira mais importante do então Julgado de Santa Luzia (atual Luziânia).

Não sobrou quase nada de suas construções históricas, apenas a igreja, que tem história interessante. Reza a lenda que, nos tempos do garimpo, dois escravos garimpeiros encontraram uma imagem de Santo Antônio de Pádua junto a um pé de angico. A imagem foi levada para a igreja de Santa Luzia, mas, milagrosamente, desapareceu da igreja e reapareceu no pé de angico onde fora encontrada. O fato repetiu-se várias vezes: levada à igreja, sumia e reaparecia em Santo Antônio. O padre até chegou a guardar a imagem dentro de um cofre, mas foi inútil, ocorrendo o milagre da mesma forma. Em 1770, foi construída a igreja, para onde a imagem foi transferida definitivamente e de onde nunca mais sumiu. Ao longo do tempo, a construção foi sendo reformada e perdeu suas características originais.

- - -

Paramos numa padaria logo no começo da cidade. Tomamos café da manhã.

Santo Antônio já foi a área mais violenta do Entorno do Distrito Federal, por isso atravessá-la é sempre tenso. Cruzamos a cidade de leste a oeste, seguindo pela GO-225. Subi o vale do Rio Descoberto como se arrastasse um bonde. Que peso! Deixamos o asfalto quando alcançamos a estrada de chão que segue para o Rio Areias, aos 45 km de pedal.

A estrada de chão cruza uma chapada antes de começar a descer o vale do Areias. Com 56 km chegamos à ponte do extinto Bar do Vilmo. O rio estava cheio, com águas barrentas, bem diferente da última vez que passei por lá. Sem delongas, começamos logo a subir. A ladeira depois da ponte é um grande desafio. Duzentos metros de ascensão em seis quilômetros. No alto tivemos surpresas: pés de mangaba e cajuzinho do cerrado. Paramos para apreciar as frutas e descansar. O bom de pedalar em outubro pelo cerrado é que sempre se encontra alguma fruta nativa.

Pedalamos alguns quilômetros pelo alto até começar a descer para o profundo Córrego do Valério. A estrada estava boa, sem poeira, mas desci com cuidado para evitar problemas no bagageiro, e subi igualmente lento devido à carga que carregava. Acho que nunca passei tão devagar por essa área. Como é diferente! A velocidade muda tudo. Pude observar o córrego, de águas limpas, a mata ciliar que acompanha a estrada por algumas centenas de metros antes de começar a floresta de eucaliptos que segue até o alto de uma chapada. Foram 150 m de ascensão em 3,5 km. Descansamos no alto, sob a sombra de uma alameda de eucaliptos.

Atravessamos a chapada. Do outro lado é possível ver grande buritizal no Córrego Muquém, coisa linda, mas que está com os dias contados. Além da represa que fizeram na parte mais baixa, todo o cerrado do entorno foi removido. No lugar do cerrado, lavouras foram plantadas, irrigadas por pivôs centrais com as águas da represa. Alguns braços do buritizal já estão morrendo.

Descendo a chapada encontramos pé de cagaita na beira da estrada. Fizemos outra parada para apreciar a fruta. A cagaita é fruta traiçoeira. Comida em excesso, solta os intestinos. Daí vem seu nome. Porém, por capricho da natureza, a solução para a diarreia está na própria árvore: basta fazer infusão com suas folhas.

Passamos pelo Córrego Muquém e pelo Ribeirão Cachoeira, com seus desafiadores vales. A subida do Cachoeira, vista de longe, é assustadora, mas de perto não é tão ruim. Assim chegamos à GO-139. Na rotatória, pegamos a Rodovia GO-561, pela qual seguimos por dois quilômetros até a primeira curva da estrada. Ali deixamos o asfalto e pegamos o antigo acesso de Olhos d'Água, estrada de chão que segue diretamente para a vila. Do alto avista-se a igreja, imponente em meio às casas. Há enorme voçoroca ao lado da estrada. Não foi à toa que a abandonaram. A ponte sobre o Ribeirão das Galinhas, pelo jeito, foi refeita várias vezes. A parte rodável, onde pisamos, estava forrada por troncos finos de árvore um pouco espaçados, parecendo mata-burro. Atravessei com cuidado para não cair. Do outro lado do ribeirão está Olhos d'Água, onde adentramos por volta de 11h. Entrar na vila por essa estrada é bem mais interessante do que pelo asfalto. Há algumas casas sombreadas pela mata ciliar, ambiente úmido e agradável.

## Olhos d'Água

Santo Antônio dos Olhos d'Água não é tão antiga. Ela nasceu quando fazendeiros doaram terras para a construção de uma igreja. A primeira cruz foi erguida em 1940. A comunidade cresceu à medida que moradores da zona rural começaram a construir casas ao redor da igreja, tornando-se distrito de Corumbá de Goiás em 1954. Em 1960, com o anúncio da construção de Brasília, a cidade sofreu duro golpe. A sede do município foi transferida para a margem da BR-060 onde se formou Alexânia.

Olhos d'Água renasceu com o turismo. Atrativos naturais são poucos, como o belo Rio do Ouro e algumas cachoeiras, mas o que atrai na cidadezinha é o turismo cultural. Em volta da igreja há belas casas em estilo colonial.

Duas vezes por ano, nos primeiros finais de semana de junho e dezembro, ocorre a Feira do Troca. Realizada desde 1974, na feira é possível trocar produtos de todo tipo, como roupas, calçados, discos de vinil, artesanato em geral, alimentos, livros. Mas se você não tiver nada para trocar, é possível comprar.

- - -

Seguimos direto para o Bar do Ciclista onde paramos para aliviar a sede. Lanchamos e descansamos cerca de vinte minutos.

Voltamos ao pedal passando por rua tranquila, chão de areia, muitas árvores, casas de tipos variados. Quando subíamos por uma rua mais larga, para sair da vila, a corrente da *bike* do Silvio soltou-se e enroscou-se de tal forma que não conseguimos soltá-la. Silvio teve que desmontar. Reparo feito, saímos da cidade.

Pegamos estrada de chão que segue até o Bar do Botinha sem passar pelo asfalto. No início ela passa por um trecho de cerradão. Quando acabou a mata, vimos que o tempo estava fechando. O calor era grande, estava abafado e úmido. Foram dez quilômetros até voltar à GO-139.

Ao passar pelo trevo, bem onde fica o Bar do Botinha, encontramos um bando de emas pastando numa lavoura recém-colhida, cena que tem ficado cada vez mais rara com a supressão constante de cerrado e campos nativos no interior de Goiás. Contemplamos o pastar das aves por alguns minutos.

Faltavam 25 km para chegar a Corumbá. Seguimos pela GO-225, rodovia que foi asfaltada recentemente. O trecho é difícil. São três vales profundos nas passagens dos ribeirões do Ouro, Retiro e Congonhas. E as subidas dos vales são longas, intermináveis eu diria. Com a *bike* pesada, sofri em todos eles. O alívio só veio quando avistamos Corumbá.

## Corumbá de Goiás

Corumbá é cidade histórica. Nasceu no tempo das bandeiras, em 1731, nas barbas dos garimpos do Rio Corumbá e Córrego Bagagem. O povoado formou-se na margem esquerda do rio, mas em 1733, após ataque de índios, migrou para a margem direita. Com a construção da capela de Nossa Senhora da Penha de França, Corumbá cresceu entre ela e o rio.

Com esse limite físico (o rio) as pontes sempre tiveram grande importância para a cidade. A estreita e histórica ponte de madeira construída pelo engenheiro João José de Campos Curado (neto), membro da Missão Cruls, apesar de antiga, continua sendo importantíssima para a população. Sua construção começou em 1897 e terminou em 1900. Por setenta anos foi a única ligação entre os dois lados da cidade. Durante a construção de Brasília, suportou o trânsito de caminhões que levavam máquinas, materiais e operários para a nova capital. Atualmente, no perímetro urbano há apenas duas pontes sobre o Rio Corumbá.

A cidade tem casario colonial preservado e igrejas antigas em seu pequeno centro histórico. Além do atrativo arquitetônico, a cidade tem em sua volta belíssimas cachoeiras, entre as quais se destaca o Salto Corumbá.

- - -

Às 14h, chegamos a Corumbá de Goiás. Atravessamos o Rio Corumbá e paramos no Restaurante Casarão, à margem da BR-414, que cruza a cidade. Eu estava com muita fome. Almoçamos por lá, sem pressa.

Depois do almoço, fui procurar lugar para hospedar-me. Sem muitas opções, escolhi a limpa e simples Pousada Gaúchos, em frente à rodoviária da cidade. Enquanto isso, Silvio foi à rodoviária, comprou sua passagem de volta para Brasília e partiu às 16h.

A partir desse momento, eu estaria só. Agora era eu e Deus no Caminho de Cora Coralina. Eu, Deus e os poemas de Cora Coralina.

Fui para o hotel e só saí depois que escureceu, procurando restaurante.

Domingo à noite. A cidade estava deserta. Caminhei pelas ruas escuras, irregulares, estreitas, vazias. Não havia ser vivo para dar informações. Segui rumo ao centro histórico. Tinha visto uma lanchonete por lá e poderia estar aberta. Não estava. Percebi, então, que havia aglomeração de pessoas perto da igreja. Fui até lá. Havia um parque de diversões na cidade, montado numa rua larga do centro. Só tinha barracas de brinquedo e doces. Meu Deus! O povo dessa cidade não janta? Não achei nada, nem uma barraquinha de cachorro-quente.

Acabei voltando ao Restaurante Casarão. Só havia salgados para comer. Pedi para a atendente esquentar alguns para mim e sentei-me nas mesas da varanda. Na mesa ao lado, alguns jovens estavam reunidos. Não pude deixar de ouvir a conversa. Além de ouvirem músicas que faziam apologia à violência e ao uso de drogas, fumavam cigarros fedorentos. "Melhor voltar ao hotel", pensei. Terminei de comer, pedi outro salgado para viagem, paguei a conta e fui embora. É melhor, e mais seguro, dormir cedo.

Dia zero concluído, afinal, o Caminho de Cora Coralina começa em Corumbá.

Resumo do dia: 118 km percorridos com 1749 m de subida.

Evandro Torezan

# V

# Dia um

**Corumbá de Goiás, 15 de outubro de 2018**

*"O que vale na vida não é o ponto de partida e sim a caminhada. Caminhando e semeando, no fim, terás o que colher."*
**Cora Coralina**

Tensão no ar, mais do que no dia anterior. Segunda-feira. A semana começava nublada e preguiçosa para os moradores de Corumbá de Goiás. Eu acordei acelerado. A adrenalina tirou-me da cama bem cedo. Em poucos minutos estaria pedalando sozinho, disposto e preparado para enfrentar tudo o que viesse pela frente.

Fechei meus alforjes e saí da pousada. Fui até uma padaria, na BR-4´4, próxima ao hotel, para tomar café. Encostei a *bike* numa coluna de madeira da varanda, entrei e pedi meu café da manhã: misto completo com ovo, café com leite meio-a-meio e suco de laranja.

Às 7h30, alimentado, subi as inclinadas ruas da cidade até a Igreja Nossa Senhora da Penha de França.

## Igreja Nossa Senhora da Penha de França

Pintada de branco e azul; paredes e janelas de madeira; duas torres; relógio encaixado na janela da torre mais alta; duas palmeiras-reais em frente. Essa linda igreja é exemplar do sistema de construção utilizado nos primeiros anos de ocupação do Centro Oeste. Tem paredes largas de taipa de pilão, pedra e adobe, amplas portas e janelas, altar cheio de detalhes. Sua construção iniciou-se em 1750. Em 1755 ela recebeu imagem barroca em tamanho natural de sua padroeira, que foi trazida de portugal. No ano seguinte, durante procissão, a imagem caiu do andor e quebrou-se. A imagem que hoje encontra-se no altar da igreja não é tão grande. Foi doada por moradora da cidade após o acidente.

- - -

Parei em frente à igreja, encostei a *bike* na escadaria e pedi proteção para o que estava por vir. O que o Caminho de Cora Coralina me reservava?

Pouco mais de 350 km de aventura separavam-me da Cidade de Goiás.

Saí da Praça da Matriz seguindo pela Rua Comendador Félix Curado, com suas belas casas coloniais. O conjunto arquitetônico de Corumbá foi declarado Patrimônio Cultural Brasileiro em 2004. Desci a Rua Francisco Miranda e entrei à direita na Rua Eurico Curado. No final desta rua está o Portal do Caminho de Cora Coralina e a primeira placa com partes de seus textos e poesias que acompanham o viajante durante todo o caminho. Cora far-me-ia companhia através de seus versos.

*"O que vale na vida não é o ponto de partida e sim a caminhada. Caminhando e semeando, no fim, terás o que colher."* Cora Coralina.

Sábia Cora! Se eu quisesse chegar rápido, iria de carro. Eu gosto é do caminho!

Passei por uma ponte de madeira, nova e bem-feita, para pedestres, sobre o Córrego da Bagagem, e do outro lado, numa pequena área de mata, segui pela Cava, caminho antigo, utilizado pelos mineradores e primeiros habitantes da cidade. É passagem erodida, o nível original do solo está dois metros acima do chão da estrada. Daí vem o nome "Cava", que significa vala, cova.

Saí numa parte da cidade às margens da Rodovia GO-225. Atravessei-a e, do outro lado, segui pela Vila São João. É subida dura pelo asfalto, de menos de um quilômetro. No final da vila a inclinação alivia, o asfalto acaba e o perímetro urbano de Corumbá termina. A estrada de chão segue subindo ainda por dois quilômetros pela terra, antes de começar a descer para o Córrego da Prata. Passei pelo Prata sobre ponte, à sombra da mata ciliar. Depois há interessante área de cerrado, onde encontrei cajuzinhos. Casais de tucanos deram-me boas-vindas ao trecho.

> *"Nasci para escrever, mas, o meio, o tempo, as criaturas e fatores outros, contramarcaram minha vida. Sou mais doceira e cozinheira do que escritora, sendo a culinária a mais nobre de todas as Artes: objetiva, concreta, jamais abstrata, a que está ligada à vida e à saúde humana."* Cora Coralina

Quando o cerrado acabou, cruzei uma fazenda. Foi o meu primeiro contato com gado solto nessa viagem. É preciso passar com calma pois nunca se sabe a reação do animal. As vacas que estavam na estrada saíram quando me viram chegar.

> *"E um dia bem distante a mim tu voltarás. E no canteiro materno de meu seio tranquilo dormirás. Plantemos a roça. Lavremos a gleba. Cuidemos do ninho, do gado e da tulha. Fartura teremos e donos de sítio felizes seremos."* Cora Coralina

Saindo dessa fazenda, cheguei à BR-414, a mesma que corta Corumbá de Goiás. Subi pela autopista em direção ao Salto Corumbá.

*"Sobrevivi, me recompondo aos bocados, à dura compreensão dos rígidos preconceitos do passado."* Cora Coralina

Foram quatro quilômetros subindo pelo asfalto até o mirante do Salto Corumbá. Há um bar à margem da rodovia sobre plataforma de madeira, lugar privilegiado para contemplar o grande Salto Corumbá.

### Salto Corumbá

Não há como passar pela BR-414, sentido Brasília, e não se maravilhar com a paisagem que surge do lado direito da pista, alguns quilômetros depois da cidade de Corumbá. O rio, que nasce no sopé da Serra dos Pireneus, forma seu primeiro grande salto ao chegar à calha formada entre a Serra da Bocaina e a Serra Olho d'Água. O local é chamado de Salto Corumbá pois o rio dá grande salto, porém há várias cachoeiras e cada uma tem nome próprio. A primeira, 50 m de queda d'água, é a Cachoeira do Salto. Na sua base existia grande poço, profundo, cheio de cascalho e ouro. Ganhou o nome de Poço Rico e despertou a ganância dos mineradores do século XIX. Eles não hesitaram: usando dinamite abriram fenda na rocha, desviando o rio para extrair dali o metal precioso. Assim, nasceu a Cachoeira da

Garganta do Ouro do Poço Rico, nome pomposo usado para disfarçar a tragédia ali consumada.

Há também outras cachoeiras, como a Cachoeira do Ouro e a Cachoeira da Gruta, área de *camping* e pousada.

- - -

Eram 8h30 da manhã. Tomei água de coco e descansei.

*"A escola passa o saber e a vida nos dá a sabedoria."* Cora Coralina

Voltando a pedalar, subi pelo asfalto por três quilômetros, até atravessar a pista e voltar para estradas de chão. Passei por algumas chácaras e cruzei o Córrego Capitão do Mato. Depois do córrego, em frente a um centro de reabilitação para usuários de drogas, passei por colchete e segui pela estradinha que vai em direção ao Parque dos Pirineus.

Não há marcos definidos nos limites do parque, mas a mudança da vegetação é perceptível. Campos nativos e cerrado passam a dominar a paisagem.

**Parque Estadual dos Pirineus**

O Parque dos Pirineus é uma unidade de conservação do Estado de Goiás. Ele abrange áreas de Pirenópolis, Cocalzinho de Goiás e Corumbá de

Goiás. Guarda em seus limites um dos divisores de águas das bacias hidrográficas do Tocantins/Araguaia e do Paraná/Prata. As águas que escorrem do parque abastecem importantes rios da região, como o Corumbá e o das Almas, que corta a cidade de Pirenópolis. Abriga também os Picos dos Pirineus, um conjunto de morros que deu nome ao parque e à cidade de Pirenópolis, e o Morro Cabeludo, interessante morro rochoso que parece ser composto por um amontoado de colunas de quartzito.

### Pirineus ou Pireneus?

Imigrantes espanhóis que chegaram à região acharam semelhança entre os picos goianos e a cordilheira que separa França e Espanha e resolveram dar-lhe o mesmo nome. As duas grafias estão corretas, sendo a escrita com "e" mais comum. Preferi usar o nome com "i" pois é como está na lei estadual que criou o parque.

- - -

Estava no alto da chapada. Dali avista-se Cocalzinho de Goiás a noroeste, embaixo, às margens do Rio Corumbá. Continuei subindo. À medida que se adentra no parque a vegetação vai ficando mais densa.

O parque é muito interessante. Passe sem pressa. Atente-se aos detalhes da vegetação do cerrado e das matas, veja, ouça e sinta as nascentes, beba água nas fontes, contemple o formato das rochas nos campos rupestres, veja os tipos de solo em que você está pisando.

Nas margens da estrada havia pés de cajuzinho. Fui colhendo e comendo. Segui pela estrada solitário. O pico ficava cada vez maior. Cheguei à área da sede. Cruzei com um casal de ciclistas na estrada principal, vindo de Cocalzinho. Ao passar pela frente da sede, onde sempre há seguranças, motoqueiro passou por mim. Cumprimentei-o, assim como o segurança que estava fazendo plantão. O motoqueiro parou na sede e ficou conversando com o segurança. Eu continuei.

Depois da sede, a estrada segue subindo entre os morros até chegar a uma área ampla entre eles. Há trilhas para subir nos picos. Procurei um lugar bem escondido na mata e tranquei minha bicicleta com cadeado, prendendo-a numa árvore. Eu estava bem em frente ao Pico dos Pirineus.

*"Saiu o Semeador a semear. Semeou o dia todo e a noite o apanhou ainda com as mãos cheias de sementes. Ele semeava tranquilo, sem pensar na colheita, porque muito tinha colhido do que outros semearam. Jovem, seja você esse semeador. Semeia com otimismo. Semeia com idealismo as sementes vivas da Paz e da Justiça."* Cora Coralina

Entrei na trilha que leva ao topo levando apenas as câmeras fotográficas. A trilha é curta e fácil, apesar de subir o morro que já foi considerado o ponto culminante do Brasil. Ela vai contornando-o até alcançar o topo, onde há uma pequena capela dedicada à Santíssima Trindade. Do alto, em noites de céu limpo, é possível avistar as luzes de várias cidades da região, inclusive as de Brasília. Os morros em volta, a estrada cruzando o cerrado e alguns *singletracks* riscando de branco a vegetação do parque compõem vista inesquecível.

## Pico dos Pirineus

O Pico dos Pirineus é o segundo ponto mais alto do Estado de Goiás. Em 1892, a Comissão Cruls, que percorreu a região para demarcação do quadrilátero onde seria construído o Distrito Federal, esteve no pico para determinar sua altitude. Na época, alguns cientistas afirmavam que o pico era o ponto mais alto do Brasil, com três mil metros de altitude. A medição foi feita e a questão resolvida. Altitude real: 1385 m.

- - -

Passei alguns minutos lá em cima. Preocupado com minhas coisas escondidas, fiquei atento ao movimento na parte de baixo. A posição no alto é privilegiada. No fundo da área aberta entre os morros havia uma van estacionada sob as árvores.

O motoqueiro que eu havia encontrado na chegada passou por lá, foi até o carro, circundou-o e voltou. Parou a moto e começou a subir o pico. Vendo-o subir, resolvi descer. Encontrei o motoqueiro na metade da descida, na parte do morro voltada para Cocalzinho. Conversei com ele, que relatou ter visto um casal dentro da van. O clima por lá estava quente! Também disse que as noites de lua cheia são muito movimentadas no Pico dos Pireneus. Terminei a descida, resgatei minha bicicleta do meio do mato e segui meu caminho.

Voltei pelo mesmo caminho da ida por dois quilômetros, passando pela sede e cruzando a estrada principal do parque. Logo depois, entrei num *singletrack* à direita.

*"Numa ânsia de vida eu abria o vôo nas asas impossíveis do sonho."* Cora Coralina

O início desse *single*, que corta o parque pelo sul, é um pouco difícil para ciclistas. Há muitas pedras, alguns degraus. Passei empurrando. O trecho difícil tem pouco mais de quinhentos metros. Logo a trilha fica plana e é possível pedalar facilmente. Passei a ter a companhia do Morro Cabeludo ao meu lado esquerdo. Passei por linda nascente, formando pequena cascata de águas cristalinas que alimentam buritizal com meia dúzia de palmeiras. É uma das nascentes do Córrego da Serra, que deságua no Córrego Capitão do Mato.

Saindo do riacho, subi um pouco e, quando a paisagem abriu, avistei outro riacho. Dessa vez, eram as nascentes do Córrego Capitão do Mato, afluente do Rio Corumbá que pertence à Bacia Platina. É o local conhecido por Sonrisal, que tem vários pequenos poços de águas límpidas e geladas.

> *"Ajuntei todas as pedras que vieram sobre mim. Levantei uma escada muito alta e no alto subi. Teci um tapete floreado e no sonho me perdi. Uma estrada, um leito, uma casa, um companheiro. Tudo de pedra. Entre pedras cresceu a minha poesia. Minha vida ... Quebrando pedras e plantando flores."* Cora Coralina

Nesse ponto da trilha está um detalhe importante da geografia brasileira. Menos de quinhentos metros separam a nascente do Córrego Capitão do Mato e uma das nascentes do Rio das Almas. Essa pequena distância faz enorme diferença quanto ao caminho que as águas seguirão. É que o Rio das Almas pertence à Bacia do Tocantins-Araguaia, que termina seu percurso na Baía do Marajó, no Norte do Brasil. Já o Capitão do Mato, que faz parte da Bacia Platina, terminará sua jornada no Rio da Prata, no Sul, na divisa entre Uruguai e Argentina. Águas que brotam tão próximas, mas que seguem caminhos opostos.

Quando cheguei ao Sonrisal, um casal chegou caminhando junto comigo. Vieram de carro ao parque para conhecer o lugar. Depois passaram dois ciclistas fazendo o caminho contrário ao meu. Eles perguntaram sobre a situação das marcações (as pegadas de Cora), que até ali estavam perfeitas. Aproveitei para tomar um pouco da água do riacho e também enchi minha caramanhola para alguma emergência. O dia estava muito quente e eu já havia consumido metade da água de meu *camelbak*. Depois de conhecer o Sonrisal, seus poços, quedas e pontes de pedra, subi pela trilha e cruzei o divisor de águas continental, saindo da Bacia Platina e entrando na do Tocantins-Araguaia.

O caminho fica mais fechado a partir daí. As matas ciliares preservadas proporcionam boa sombra. Às vezes, o caminho é por *singletracks* no meio da mata, acompanhando riachos, outras é por estradinhas pouco usadas. Assim, cruzei pequenos afluentes do Rio das Almas a vau e o Córrego Barriguda por ponte. É uma área muito bonita e isolada.

Após cruzar o Barriguda, cheguei à estrada de acesso à Cachoeira do Abade. Foi aí que me perdi pela primeira vez, apesar de ter o *tracklog* e estar atento às marcações. As pegadas sumiram e, quando olhei para o GPS, eu estava fora da rota. Pelo local por onde o *tracklog* seguia não havia nenhum sinal de trilha, só cerrado fechado. Fui e voltei várias vezes. Estava quase desistindo e seguindo direto para Pirenópolis, mas decidi voltar até reencontrar as pegadas para tentar retomar o caminho correto. Voltei até encontrar uma pegada, onde parei e retornei. Segui com muita atenção, mas, da mesma forma, no entroncamento com a estrada do Abade, as pegadas sumiram.

Parado no meio do entroncamento, estava decidido a abrir o mato no peito para seguir o caminho indicado por meu GPS, contudo, felizmente, quando olhei para uma cerca que subia o morro, vi algo amarelo pintado num mourão. Lá estava o sinal que faltava. A trilha estava fora do *tracklog* cerca de trinta metros.

Subi a trilha beirando a cerca até o alto do morro, empurrando a *bike* pois há partes bem íngremes. No alto há outra cerca. Felizmente, o arame inferior dessa cerca estava arrebentado e consegui passar a *bike* por baixo.

Comecei a descer a serra de forma suave. A trilha segue pela cumeeira do morro que no alto tem cerrado. É um trecho maravilhoso! Curta o visual.

À medida que desci, entrei em áreas úmidas de mata, cheias de nascentes que alimentam o Barriguda. Uma dessas áreas tem seu nome escrito numa placa: Vale da Daiana. Fui descendo pelo vale do Barriguda até chegar à área das pedreiras de Pirenópolis. Esse trecho, entre o Abade e as pedreiras, é ainda mais isolado do que o anterior, com trechos de estrada erodidos. Não encontrei viva alma. Na verdade, encontrei sim: surpreendi dois cachorros que dormiam ao lado da trilha. Eles saíram correndo e latindo. Não sei quem se assustou mais, eu ou eles.

Cruzei o Barriguda pela última vez na captação de água que abastece Pirenópolis. É um lugar lindo. Águas cristalinas correm entre as pedras. A cor da água, transpassada pelo sol, deixa as brancas rochas do fundo do rio douradas. Aproveitei para reabastecer o *camelbak* e renovar a água da caramanhola. Sem querer, fiz a transposição de águas da Bacia Platina para a Bacia Tocantins-Araguaia. Lembra-se que eu havia enchido minha caramanhola no Córrego Capitão do Mato? Pois então, despejei-a no Barriguda.

Como é bom beber água quando se está com muita sede. Bebi a água do rio. Fiquei alguns minutos descansando sob a sombra das árvores.

A estrada segue descendo. Pirenópolis aparece na paisagem pela primeira vez, entre os morros da serra, no fundo do vale.

Placa indicava que eu estava entrando no Refúgio Avalon. O caminho desce até o Rio da Almas. Novamente atravessei a vau. Nesse local não há estrada, o leito é rochoso. Do outro lado, há um morro para ser escalado. Parece ser impossível, mas há trilha. É incrível a diferença entre o relevo das duas margens. Fiz muita força para levar a bicicleta até o alto do morro.

A poesia de Cora Coralina, fixada no ponto mais alto da trilha, reanima o visitante cansado:

*"Luta, a palavra vibrante que levanta os fracos e determina os fortes. Quem sentirá a Vida destas páginas ... Gerações que hão de vir de gerações que vão nascer."* Cora Coralina

Passei pela sede do Refúgio Avalon e, seguindo a estrada sombreada pela mata, cheguei à Rodovia Parque dos Pireneus.

Atravessei a rodovia e segui pela estrada que há do outro lado, a Estrada das Cachoeiras. Ela cruza o Rio das Almas e dá acesso a algumas cachoeiras e à pedreira municipal. Às 13h30, cheguei à portaria do Camping Sombra da Mata. Perguntei se o restaurante estaria aberto, e felizmente estava. Fui até ele e almocei por lá, pedi um prato feito. Estava ótimo. Fiquei quase uma hora descansando.

Saí do *camping* subindo a estrada rumo à pedreira municipal. É lá que começa a Trilha do Ouro.

Entrei na área da Pedreira da Prefeitura, cedida à Coopedras, cooperativa que congrega pequenos mineradores da cidade. O estrago é grande na área. Há gigantescos montes de pedra e areia. É dessas pedreiras que saem toneladas de quartzito, nome da rocha conhecida popularmente como Pedra de Pirenópolis ou Pedra Goiana. A Pedreira da Prefeitura é a maior e mais antiga da cidade. A extração começou no período colonial, quando o quartzito era usado pelos bandeirantes como material de construção, servindo de alicerce, de parede e até de telhado para as casas. Atualmente, o quartzito é usado principalmente como piso e revestimento decorativo.

**Trilha do Ouro**

A Trilha do Ouro era a rota usada por garimpeiros e trabalhadores nos séculos XVIII e XIX para chegar às lavras na Serra dos Pireneus. Entre a pedreira e a cidade, a Trilha do Ouro é um *singletrack* que segue pela margem do Rio das Almas, na sombra da mata ciliar, passando por vários pontos interessantes, com belas vistas do rio e trechos de mata fechada. O Poço do Lajeado é o melhor local para banho.

- - -

Segui pela estrada que margeia a pedreira até que, após uma curva, cheguei a uma ponte pênsil sobre o Rio das Almas. Trovões ecoando pelo vale anunciavam que a chuva estava chegando. A ponte estava um pouco torta. Passei com cuidado, mas sem sustos. Ela balança, é claro. Do outro lado do rio, enfrentei desafios inesperados. Tive que pular mais ou menos dez cercas. Há passadores em "v", aqueles que permitem o humano passar, mas impedem o gado. A bicicleta com alforges não passa. É muito difícil pular essas cercas sozinho, sem ajuda. Os alforges mudam totalmente o centro de gravidade da *bike*, dificultando erguê-la. É guidão virando rápido e batendo na cabeça, *bike* desequilibrando, pneu na cara. Em cada cerca uma nova batalha.

Muito bem cuidada, a trilha tem pontes e rampas de madeira nos pontos de travessia mais difícil, como valas e pequenos riachos. Numa delas, há apenas um tronco cuja parte superior foi aplainada, mas não cabem dois pés lado a lado. É um exercício de equilíbrio. Segurei a *bike* com apenas uma das mãos e passei com atenção máxima. São apenas três metros, mas são marcantes.

Apesar de ser segunda-feira, em quase toda a extensão da trilha, pessoas refrescavam-se no rio. Fui encontrando muita gente nas margens e dentro d'água, nos vários poços e corredeiras. Também cruzei com uma família de macacos-prego que atravessou o rio aos pulos sobre as árvores.

Superadas as cercas, pontes, troncos e valas, cheguei a Pirenópolis por volta de 15h30. Segui até a Igreja Matriz do Rosário onde encerrei oficialmente o pedal do dia.

Saí, então, em busca de pouso. Depois de algumas voltas pelo centro, acabei hospedando-me na Pousada Batihá, na rua em frente ao Rio das Almas. Estava muito calor e não resisti ao chamado do rio passando ali em minha frente. Guardei a *bike* no quarto e fui tomar um banho refrescante. Depois voltei ao hotel, tomei banho de chuveiro e fui caminhar pelo centro histórico de Pirenópolis.

## Pirenópolis

A cidade nasceu em 1727 quando Manoel Rodrigues Tomar, chefe de um grupo de garimpeiros submetidos ao bandeirante Anhanguera e guiados por Urbano do Couto Menezes, chegou à região com a missão de descobrir novas jazidas de ouro. Inicialmente, recebeu o nome de Arraial das Minas de Nossa Senhora do Rosário de Meia Ponte, pois uma enchente derrubou metade da ponte sobre o Rio das Almas. A cidade cresceu devido à atividade minerária. Na época, a maior parte da população era composta por negros e índios, mão-de-obra escrava utilizada nas minas.

Com o esgotamento das jazidas de ouro, o crescimento da cidade estagnou. Somente no século XIX Pirenópolis voltou a crescer, com sua economia alavancada pela agricultura, pecuária e comércio.

Ganhou o nome Pirenópolis em 1890, devido à Serra dos Pirineus.

Já no século XX, o turismo impulsionou novamente o crescimento da cidade. Mantendo conservada sua feição original e suas tradições, Pirenópolis foi tombada pelo Patrimônio Histórico Nacional em 1988.

É difícil competir com Pirenópolis quando o assunto é turismo. A cidade é cercada pelo verde das matas e emoldurada por montanhas. Pelo meio do cerrado e matas da cidade correm rios de águas cristalinas que formam cachoeiras incríveis. A leste está a Serra dos Pirineus, guardada pelo parque homônimo, com trilhas, mirantes e cachoeiras. Mas se tudo isso não bastar, tem ainda o centro histórico da cidade, com lindas igrejas e casario colonial preservado. A Rua do Lazer, com dezenas de restaurantes e bares, fervilha nos finais de semana, e o comércio, que ocupa a maior parte das casas coloniais do centro, tem muita coisa para mostrar aos turistas, como joias, artesanato, objetos de decoração, roupas, souvenirs. A rede hoteleira tem opções para todos os bolsos, e a proximidade de Brasília e de Goiânia facilita o acesso dos turistas.

- - -

Depois de tomar açaí na tigela e um geladíssimo suco de cupuaçu, voltei à pousada pois a chuva ameaçava cair com força. Aproveitei para dormir. Quando parou de chover, já de noite, fui novamente ao centro para jantar.

Resumo do dia: 55 km percorridos com 1125 m de subida.

Evandro Torezan

# VI

## Dia dois

**Pirenópolis, 16 de outubro de 2018**

*"Sobrevivi, me recompondo aos bocados, à dura compreensão dos rígidos preconceitos do passado."* **Cora Coralina**

Não esperei o café da manhã do hotel. Como só eu estava hospedado, negociei o valor e consegui um desconto, ficando melhor para todos. Às 6h30 parti. Parei na Igreja do Rosário para registrar a partida. O céu estava nublado, como no dia anterior, mas não parecia que iria chover.

### Igreja Matriz do Rosário

A construção iniciou-se em 1728, o que a caracteriza como a mais antiga igreja do Estado de Goiás. Em 1941, foi declarada Patrimônio Histórico e

Artístico Nacional. Em 2002, foi destruída por um incêndio, passando por minucioso processo de restauração que foi concluído em 2006. Internamente, possui obras de arte como as pinturas do teto tabuado, imagens de madeira entalhada e laminadas em ouro, altar cheio de detalhes.

Eu sempre me impressiono com a largura das paredes dessas igrejas antigas. As da Igreja de Nossa Senhora do Rosário, a Matriz de Pirenópolis, são as mais largas que eu já vi: 1,80 m de espessura e dez metros de altura. São feitas de taipa de pilão, técnica que utiliza argamassa feita de terra, cascalho, esterco de gado e fibras vegetais, misturados e socados com pilão em fôrmas de tábuas.

O telhado é coberto por telhas-coxas. No período colonial brasileiro, escravos doentes ou incapacitados para fazer trabalhos pesados eram empregados em tarefas mais leves. Atividade comum era produzir telhas de barro moldando-as em suas coxas. Como cada escravo tinha coxas de tamanhos e formatos diferentes, as telhas ficavam desiguais e o telhado ficava torto depois de montado, aparentemente malfeito. Daí surgiu a expressão "feito nas coxas", que usamos até hoje para caracterizar coisas improvisadas, malfeitas. É improvável que as telhas da matriz tenham sido feitas nas coxas de escravos pois algumas tem mais de um metro de comprimento. Devem ter usado moldes de madeira ou barro.

- - -

Segui até a padaria mais próxima para tomar café. Pedi o mesmo cardápio do dia anterior e também um sanduíche para o almoço. Depois de comer, enquanto me preparava para partir, um menino da cidade aproximou-se e começou a conversar comigo, perguntando para onde eu estava indo. Ele deveria estar na escola caso estudasse de manhã, e foi o que lhe perguntei. Ele disse que teve que faltar para trocar um *pendrive* que comprou numa loja da cidade. Prioridades! Quando comecei a aconselhá-lo sobre os estudos, ele inventou uma desculpa qualquer e despediu-se.

Parti. Apesar de conhecer Pirenópolis há muitos anos, nunca havia passado pelas ruas por onde o *tracklog* levou-me, ruas tortuosas em bairros periféricos. Saí da cidade pelo sudoeste, pela Rodovia GO-431. Foram sete quilômetros de asfalto.

> *"Eu sou aquela mulher a quem o tempo muito ensinou. Ensinou a amar a vida. Não desistir da luta. Recomeçar na derrota. Renunciar a palavras e pensamentos negativos. Acreditar nos valores humanos. Ser otimista."* Cora Coralina

Entrei na estrada de terra descendo rumo ao Córrego do Godinho. Apesar da chuva do dia anterior, a estrada de chão arenoso estava firme, sem lama. Logo começaram a aparecer trechos de mata. Alguns apenas margeei, outros passei pelo meio. São resquícios preservados do Mato Grosso Goiano, área central do Estado cuja vegetação apresenta matas fechadas com árvores de grande porte, como mogno, jequitibá e peroba, contrastando com o restante de Goiás, onde predominam fitofisionomias do cerrado. Essa floresta fantástica foi devastada a partir dos anos 1940, quando no governo de Getúlio Vargas criou-se a campanha "Marcha para o Oeste", visando ocupar áreas pouco povoadas do Centro-Oeste brasileiro, onde haviam muitas terras devolutas.

Trecho de mata em um braço da Serra do Godinho foi o primeiro desafio do dia. Subi sem pressa. Parecia ser lugar bem isolado, mas passou motociclista por mim, quebrando a solidão. Descendo, cruzei o Córrego do Godinho por ponte. Logo após o córrego, passei por porteira fechada e área de pastagem. O gado ficou observando-me, mas não tive que passar pelo meio dos animais. A trilha fez volta e seguiu para o lado contrário. Ufa!

Segui pela estrada em meio ao pasto e logo cheguei ao curral de um sítio. O curral, bem na frente da casa, estava cheio de vacas. A trilha passava exatamente pela sua porteira. Não havia ninguém próximo para eu perguntar se poderia passar. Aproximei-me da porteira, tentei espantar as vacas, mas elas não arredaram o pé. Pelo jeito e pelo berro, elas esperavam a ração matutina. E se eu abrisse a porteira e as vacas fugissem? Eu até poderia tentar passar pelo lado do curral, mas teria que pular duas cercas de arame farpado e teria de retirar os alforjes para isso. Decidi enfrentar as vacas. Eram dez, algumas deitadas, outras em pé. Todas me olhavam e ruminavam com desdém. Tensão no ar! Abri com cuidado a porteira, amarrada com corda, puxei a bicicleta para dentro, encostei-a na cerca. Nenhuma vaca fugiu. Fechei a porteira, peguei a *bike* e fui empurrando-a entre as vacas. Era como se eu não estivesse lá. Elas não mexeram uma pata do lugar e ficaram olhando-me com cara de vaca.

Depois, pastagens e matas sucederam-se até eu alcançar o Rio das Pedras, onde a trilha entra pela fechada mata ciliar. O caminho estreita-se, vai desviando das árvores até a margem do rio. Quando cheguei, imediatamente concluí que teria problemas. No local há pequena barragem em forma de meia-lua, utilizada para mover roda d'água. Na margem oposta, a roda estava parada, mas mesmo assim dificultava a passagem pelo muro lateral. A melhor opção seria passar sobre a barragem, porém, não era larga o suficiente para passar empurrando a *bike*. Desequilibrar-se sobre ela significaria cair rio acima, dentro d'água, vendo a bicicleta ir ao fundo; ou, cair rio abaixo machucando-me nas pedras. Não teve jeito: tive que remover os alforjes. Sem peso foi mais fácil. Passei com a *bike* apoiada no ombro, esgueirei-me pelo espaço disponível sobre o muro lateral não ocupado pela roda d'água e deixei a *bike* em lugar seguro. Voltei e atravessei os alforjes.

Há citações sobre o Rio das Pedras datadas do século XVIII, caracterizando-o como excelente local para descanso, com água abundante e boas pastagens para os animais.

Do outro lado do rio, a trilha continuou beirando uma cerca por dentro da mata. Antes de recolocar os alforjes, subi alguns metros para ver se não haveria outra cerca que eu teria que pular, mas não enxerguei nenhuma. Recoloquei os alforjes e subi pedalando. Porém, duzentos metros depois, ao chegar a uma estrada que cruzava a mata, havia cerca, novinha e bem-feita, sem possibilidade de passar por baixo. Desembarquei novamente a carga, passei-a por cima, depois a *bike* e pulei a cerca.

Segui pela estrada cruzando a mata. Os morros ao redor davam sinais de que haveria boas subidas à frente. E não demorei a chegar a uma serra bem difícil, a pior do dia: Serra do Caxambu. Desde a passagem pelo Rio das Pedras, a trilha vinha subindo, mas a serra começou mesmo quando cheguei aos 22 km de pedal. A estradinha adentra pela mata da serra. Chão de terra no início, que passa a ser de cascalho conforme se sobe. O caminho é bonito, mas estava muito quente. Protegido pelo cerradão, não entra nenhuma brisa. A inclinação média da parte mais íngreme é de 10%.

No alto, depois de sair do cerradão, a trilha seguiu por *singletracks* por outra área de pastagem. Alguns quilômetros depois, quando voltei para a mata, havia um mirante, de onde contemplei a paisagem que iria percorrer a seguir.

*"Creio numa força imanente que vai ligando a
família humana numa corrente luminosa de
fraternidade universal. Creio na solidariedade
humana. Creio na superação dos erros e
angústias do presente."* Cora Coralina

A descida da Serra do Caxambu é pior do que a
subida: -15% de inclinação média. É preciso descer
empurrando a *bike*. A trilha faz zigue-zague pela
encosta, passando por valas e degraus, até alcançar
a base. A descida do morro continua mesmo depois
de sair da mata. Há outra cerca para pular quando o
caminho aplaina. Dessa vez, consegui passar a *bike*
por cima sem remover os alforjes pois a cerca de
arame liso era baixa. Passei pela entrada da sede de
uma fazenda e segui descendo até o Rio Caxambu.

*"Lua que manda na semeadura dos campos, na
germinação das sementes, na abundância das
colheitas. Lua boa. Lua ruim. Lua de chuva.
Lua de sol."* Cora Coralina

Aos trinta quilômetros de pedal cheguei ao
povoado de Caxambu, pertencente ao Município de
Pirenópolis. Caxambu nasceu em 1948. Tem ruas
asfaltadas, bares e mercearias. Anualmente realiza-
se festa em homenagem ao Divino Pai Eterno, com
desfile de carros de boi.

Parei na primeira mercearia que encontrei, que
parecia ser a maior do local. Comprei batata frita e
refrigerante e sentei-me num banco em frente à loja,

na calçada. Quando comecei a comer, um senhor baixinho, magro, descalço e sujismundo, que estava por lá desde que cheguei, aproximou-se e ficou olhando fixamente para o pacote de batatas. Ele não disse nada. Concentração total nas batatas. Perguntei-lhe se queria um pouco e ele prontamente aceitou fazendo sinal positivo com a cabeça. Fiz-lhe algumas perguntas, ele resmungou e gesticulou. Pelo jeito é um daqueles malucos, tão comuns em cidades pequenas. Com tanto apetite, entreguei-lhe logo o pacote. Ele comeu mais da metade da minha batata e saiu sem agradecer quando terminou.

A cinco quilômetros de Caxambu fica a Fazenda Babilônia.

**Fazenda Babilônia**

Declarada Patrimônio Histórico Nacional, a fazenda nasceu como Engenho São Joaquim, no século XVIII. Foi fundada pelo jovem Joaquim Alves de Oliveira, goiano de Pilar de Goiás, que estudou em São Paulo.

Aos 25 anos de idade, Joaquim chegou à então Meia Ponte (Pirenópolis) trazendo fortuna que fez comerciando no Rio de Janeiro. Apesar de a vila estar em decadência devido ao esgotamento das minas de ouro, por Meia Ponte passavam importantes estradas vindas das principais cidades da época. Joaquim enxergou ali grande oportunidade e iniciou seu empreendimento.

A fazenda plantava cana-de-açúcar, mandioca e algodão em escala industrial. O algodão, exportado para a Inglaterra, era considerado o melhor do mundo. A fazenda chegou a ter duzentos escravos e foi a maior empresa agrícola de Goiás na época. A renda gerada pelo empreendimento era muitas vezes superior à renda da então província.

Para escoar a produção, o Comendador, como passou a ser conhecido, criou tropa numerosa de muares. Com essa tropa, escoava não apenas a sua produção, mas também a de outras fazendas e cidades para os mercados consumidores. No retorno, os animais traziam para o interior produtos escassos, gerando lucros enormes com o comércio.

A fazenda acabou entrando em decadência após a morte da mulher e de alguns filhos do Comendador. Ele faleceu aos 81 anos. Quem deu à fazenda o nome Babilônia foi o Padre Simeão, que adquiriu as terras do herdeiro de Joaquim. Ao visitar a fazenda e ver a grande quantidade de agregados e escravos, o padre achou que se assemelhava à histórica Babilônia.

Hoje a fazenda dedica-se à pecuária e ao turismo.

- - -

O Caminho de Cora não passa pela Fazenda Babilônia, necessitando desvio e tempo para visitá-la. Eu não passei por lá.

Paguei minha conta na mercearia e voltei à atividade. Cruzei Caxambu e segui o caminho, passando por vários córregos e pelo Rio Padre Souza.

> *"O saber se aprende com mestres e livros. A sabedoria, com o corriqueiro, com a vida e com os humildes."* Cora Coralina

Cheguei à Rodovia Transbrasiliana nove quilômetros depois de Caxambu. Segui pela rodovia por pouco mais de um quilômetro e voltei para estradas de terra.

> *"Eu sou a ramada dessas árvores, sem nome e sem valia, sem flores e sem frutos, de que gostam a gente cansada e os pássaros vadios."* Cora Coralina

Cruzei os córregos Degredo e Santo Antônio para chegar a Radiolândia, outro povoado pertencente a Pirenópolis, com 48 km pedalados no dia.

> *"Já bebi água do rio na concha da minha mão. Fui velha quando era moça. Tenho a idade de meus versos. Acho que assim fica bem. Sou velha namoradeira. Lancei a rede na lua, ando catando as estrelas."* Cora Coralina

A pequena Radiolândia nasceu em 1952, quando foi feito loteamento e construída uma igreja. No início, chamava-se Rabeia Bode, nome que não tem explicação clara. Fato é que ninguém gostava do velho nome e era considerado ofensa por alguns moradores mais antigos. Na década de 1960, a Transbrasiliana atravessava o povoado, sendo posteriormente transferida.

> *"Dai, Senhor, que minha humildade seja como a chuva desejada caindo mansa, longa noite escura, numa terra sedenta e num telhado velho. Que eu possa agradecer a Vós, minha cama estreita, minhas coisinhas pobres, minha casa de chão, pedras e tábuas remontadas. E ter sempre um feixe de lenha debaixo do meu fogão de taipa, e acender, eu mesma, o fogo alegre da minha casa na manhã de um novo dia que começa."* Cora Coralina

Parei no Mercado Miranda, em frente à Capela de São Miguel Arcanjo. Eram 12h30. Decidi almoçar por lá. O mercado é pequeno. Tiago é o nome do proprietário atual. O negócio familiar começou com seus avós. Comprei refrigerante e sentei-me no banco construído junto à parede frontal do prédio. Estava muito quente, por isso tirei camisa, capacete, luvas e sapatilha. Não estava com muita fome, mas mesmo assim peguei o sanduíche e abri uma lata de atum. Quando Tiago viu-me comendo, ofereceu almoço. Sua avó havia preparado e como só os dois almoçaram, sobrou comida. Recusei por educação, mas deveria ter aceitado. Se eu ainda não tivesse começado a comer, aceitaria com certeza.

Outro morador da cidade chegou ao bar. Era um senhor de mais de setenta anos que aparentava estar levemente embriagado. Ele tentou explicar-me o motivo do local ter sido conhecido por Rabeia Bode. Eu não entendi a explicação pois sua dicção, influenciada pelo álcool, estava comprometida. Só entendi que o nome motivou muitas contendas quando pronunciado nos bares da cidade.

Trovões começaram a ecoar no entorno de Radiolândia. Por volta de 13h, paguei minha conta e segui viagem.

*"Sendo eu mais doméstica do que intelectual, não escrevo jamais de forma consciente e raciocinada, e sim impelida por um impulso incontrolável. Sendo assim, tenho a consciência de ser autêntica."* Cora Coralina

O asfalto que começou quando entrei no povoado acabou logo e a estrada voltou a ser de terra. O Córrego Paio Velho e o Córrego dos Índios são cruzados após o final do asfalto. Ao sair de trecho de mata, depois do Córrego dos Índios, vi de onde vinham os trovões. À minha direita havia duas serras: a Serra do Loredo e a Serra do Chibio. Chuvas pesadas caíam sobre elas e o vento trazia os primeiros pingos para a estrada onde eu estava.

Acelerei para tentar fugir da água e consegui manter-me seco por longo trecho. Passei pelo Rio do Retiro e pelo Córrego do Cocal.

*"Sobrevivi, me recompondo aos bocados, à dura compreensão dos rígidos preconceitos do passado."* Cora Coralina

Pelo jeito, o traçado da antiga Transbrasiliana era pela estrada em que eu seguia, mas, quando esta chega à margem do Córrego Grande, o Caminho de Cora abandona-o.

Segui à esquerda. Cruzei muitas fazendas e pastagens. Em algumas, passar pelo meio dos rebanhos era inevitável. Passava com cuidado, fazendo barulho suficiente para que os animais me vissem de longe, sem os surpreender ou assustá-los. Três quilômetros antes do Córrego da Rocinha, a chuva alcançou-me. Ela foi engrossando até desabar forte. Parei sob uma árvore no alto da ladeira. Enquanto me abrigava, pude ver que não era só eu que estava incomodado com a chuva. Os animais da fazenda à minha frente fugiam em grupo. Foi um espetáculo inusitado. Vacas, ovelhas, cabras e cavalos corriam juntos, em fila, acelerados ladeira abaixo, dirigindo-se ao curral.

Fiquei poucos minutos parado. Trovejava e eu fiquei com medo de que caísse algum raio na árvore em que me abriguei. Segui debaixo de chuva, cruzei o Rocinha e depois o Córrego Corumbá. Não demorou muito para São Francisco de Goiás surgir no horizonte. Pouco antes das 16h, cruzei a GO-080 e entrei em São Francisco.

## São Francisco de Goiás

São Francisco de Goiás nasceu em 1740. Garimpeiros que mineravam ouro na Serra do Jaraguá encontraram terras férteis ao sul da serra. Várias fazendas formaram-se e surgiu aglomerado de casas em volta de uma capela de palha onde os lavradores rezavam terços em louvor a São Francisco. Assim nasceu o povoado de São Francisco das Chagas que com o passar dos anos foi mudando de nome: Arraial das Chagas, depois apenas Chagas. Em 1953, o povoado foi desmembrado de Jaraguá e tornou-se município com a denominação atual.

- - -

Há dois hotéis nas margens da rodovia. Escolhi o Hotel Maria Rita, que fica em frente à prefeitura. Eu era o único hóspede. Aproveitei para lavar a bicicleta que estava cheia de lama. Tive que dividir o quarto com dezenas de besouros marrons que estavam espalhados por todos os cantos da cidade. Tentei expulsá-los, mas o trabalho era inócuo. Prendi a maioria dos besouros dentro do banheiro.

Depois do banho, fui ao mercado comprar suprimentos. Estava com dor de cabeça. Os três dias de pedais longos, sem me alimentar adequadamente, cobravam seu preço. Comecei a cogitar a possibilidade de pernoitar em Jaraguá.

Depois que escureceu, jantei espetinhos numa lanchonete em frente à prefeitura.

Resumo do dia: 77 km percorridos com 1660 m de subida.

Evandro Torezan

# VII

## Dia três

**São Francisco de Goiás, 17 de outubro de 2018**

*"A vida tem duas faces: Positiva e negativa. O passado foi duro mas deixou o seu legado. Saber viver é a grande sabedoria."*
**Cora Coralina**

Choveu muito durante a noite. Nem consegui dormir direito. Quando acordei, às 5h45, ainda chovia, bem fino, mas chovia. Levantei-me com baixo astral, imaginando que pegaria lama na estrada. A previsão do tempo apresentada no jornal da manhã era desanimadora: haveria temporais sobre toda a região.

Saí do hotel às 6h30 com a bicicleta pronta. Havia parado de chover. Fui até a padaria que serviria o café da manhã do hotel, a duzentos metros de distância.

Apesar da previsão, o horizonte em minha frente estava bonito, com nuvens esparsas no céu, mas eu não seguiria naquela direção, meu caminho era exatamente o contrário, para o leste. Eu ainda estava em dúvida se iria até Itaguari ou se pernoitaria em Jaraguá.

Terminei o café e, quando montei na *bike*, voltou a chuviscar. Iniciei o pedal passando pela Igreja de São Francisco. Parei na frente dela, tirei fotos. Quando fui sair, percebi que o pneu dianteiro estava furado. Era o sinal que faltava: decidi pernoitar em Jaraguá.

Voltei ao posto de gasolina próximo ao hotel em que pernoitei para usar o compressor de ar. Não adiantou só encher o pneu, tive que trocar a câmara.

Serviço concluído, finalmente parti. Saindo da cidade, o caminho tem cinco quilômetros de asfalto. Descidão que me levou a cruzar o Ribeirão dos Alves. Logo depois, entrei na terra. Tinha um pouco de lama, mas o solo arenoso não deixava o barro grudar nos pneus. Passei pelo Rio Pari, depois pelo Córrego Gueroba. A maior parte do percurso até Jaraguá é pelo vale do Pari, cruzando seus afluentes. Aos 17,5 km cheguei à BR-070, atravessei-a e continuei pela estrada de chão do outro lado.

Como dormiria em Jaraguá, eu não tinha pressa. Contemplava a paisagem com calma. O dia que começou cinza foi ficando claro, o sol apareceu e iluminou o enorme maciço à minha direita, a leste, o qual enfrentaria em breve: a Serra de Jaraguá.

Passei pelo Córrego do Caetano. A estrada que seguia pelo meio de fazendas e pastagens apresentou-me exemplares das grandes árvores que compunham o Mato Grosso Goiano. Bosques isolados com árvores de troncos longos e grossos, com copas altas.

> *"Minha identificação profunda e amorosa com a terra e com os que nela trabalham. A gleba me transfigura. Dentro da gleba, ouvindo o mugido da vacada, o mééé dos bezerros. O roncar e focinhar dos porcos, o canto dos galos, o cacarejar das poedeiras, o latir dos cães, eu me identifico. Sou a árvore, sou tronco, sou raiz, sou folha, sou graveto, sou mato, sou paiol e sou a velha tulha de barro."* Cora Coralina

O dia estava lindo, apesar da previsão de trovoadas na parte da tarde.

Ao passar por um trecho de mata, dei de cara com vaqueiro conduzindo quatro vacas pela estrada. Parei na lateral da senda e fiquei quieto esperando a vacada passar. Depois que as vacas passaram, o vaqueiro parou ao meu lado e agradeceu-me por ter esperado. Segundo ele, se eu tivesse continuado, as vacas teriam fugido pois são arredias. Muito cuidado com os animais!

Passei por uma plantação de abacaxis.

*"De onde vens, criança? Que mensagem trazes de futuro? Por que tão cedo esse batismo impuro que mudou teu nome?"* Cora Coralina

Cruzei a Ferrovia Norte-Sul aos 21 km. A bitola (distância entre os trilhos) da ferrovia é larga, diferente da maioria das estradas de ferro do país. A bitola larga permite que os trens transportem mais peso e circulem em velocidades mais altas.

Logo depois da ferrovia, atravessei o Córrego Grande e depois o Córrego Boa Vista. Cheguei a outro trecho da ferrovia, mas desta vez a passagem foi por ponte de concreto. De cima da ponte tem-se bela vista de uma serra a noroeste, com três morros bem destacados cujos nomes desconheço.

Cheguei novamente ao Rio Pari. Vim acompanhando seu curso desde São Francisco e chegou a hora de atravessá-lo mais uma vez. Havia muita lama sobre a ponte de concreto. Usei a estreita calçada na lateral, mais alta e sem tanto barro, para atravessá-la.

Quinhentos metros depois, o caminho faz curva acentuada à direita. Ali começa a Serra de Jaraguá, o trecho mais bonito e difícil do dia.

> *"Em mim a planta renasce e floresce, sementeia e sobrevive. Sou a espiga e o grão fecundo que retornam à terra. Minha pena é enxada do plantador, é o arado que vai sulcando para a colheita das gerações. Eu sou o velho paiol e a velha tulha roceira. Eu sou a terra milenária, eu venho de milênios. Eu sou a mulher mais antiga do mundo, plantada e fecundada no ventre escuro da terra."* Cora Coralina

## Parque Estadual da Serra de Jaraguá

O Parque Estadual da Serra de Jaraguá preserva nascentes, mananciais, fauna, flora, belezas cênicas e sítios arqueológicos presentes na área de quase três mil hectares entre os municípios de São Francisco de Goiás e Jaraguá. É lugar bonito, de mata preservada e vistas deslumbrantes.

- - -

Para explicar melhor como é a subida da Serra de Jaraguá, dividi-a em cinco partes.

## Serra de Jaraguá - Parte 1

A primeira parte tem 4,5 km, com inclinação média de 5%, máxima de 27%.

75

O início é fácil. A estrada entra pelo meio do cerrado, cheio de frutas na época do início das chuvas. Encontrei um casal por lá, catando pequi. No final da primeira subida, parei para curtir o visual e descansar.

A estrada segue predominantemente subindo. Trechos pesados, mas pedaláveis, intercalam-se com algumas descidas. Tudo ia muito bem. Imaginei que os meus amigos que passaram por lá antes de mim, que me alertaram sobre a dificuldade da serra, tentaram assustar-me com seus relatos.

Depois de passar por riacho a vau, cheguei a uma casa em frente de pequena represa. É a sede provisória do parque, local conhecido como Maria Helena.

As setas pintadas numa árvore apontam a esquerda. Cruzei a pequena ponte de tábuas sobre a vazante da represa e, do outro lado, atrás de um bambuzal, cheguei ao ponto onde tudo mudou. É ali que o bicho pega. A próxima seta aponta para cima!

### Serra de Jaraguá - Parte 2

Quinhentos metros, com inclinação média de 15%, máxima de 38%, imerso na mata fechada da encosta da montanha.

A trilha estreita adentra a mata com alta inclinação, beirando o precipício. Cair para o lado esquerdo pode ser fatal. Se eu estivesse com a *bike* sem peso, já seria d fícil subir, com peso então, parecia impossível. Mesmo estando com sapatilha de MTB, às vezes o pé de apoio escapava, escorregando no cascalho, nas folhas secas. Fui escalando metro a metro. Alguns altos degraus eram as piores partes. Era preciso levantar a *bike* com todo aquele peso e colocá-la no nível superior, depois era vez de subir meu corpo. Num desses degraus, grande árvore dificulta a passagem, deixando a trilha ainda mais estreita. Metro a metro venci a primeira fase do empurra-*bike*.

Quando saí do meio das árvores, a trilha ficou mais larga e a vista abriu-se. Pude ver um pouco da paisagem por onde andava: mata fechada entre as montanhas da serra.

### Serra de Jaraguá - Parte 3

São 850 m de subida, com inclinação média de 18%, máxima de 33%.

No alto, a floresta de grande porte dá lugar ao cerrado. O solo, em vez de terra e areia, é coberto de cascalho. Continuei empurrando a *bike* serra acima. Nessa parte, o que se destaca é a beleza da paisagem. Conforme se adentra no parque, o tapete verde de floresta parece ser maior. Há vários degraus pelo caminho e a maior parte da trilha está na lateral dos morros. O esforço é grande. Mas em algumas partes é possível pedalar, sempre com muito cuidado para não tombar para o lado direito, quase um precipício.

As frutas do cerrado decoravam as árvores à margem da trilha. Muita mangaba, todas ainda verdes. Mangaba boa para comer deve estar no chão, onde o processo de maturação termina e já não há mais leite no fruto, que lhe deixa amarga. Muito cajuzinho maduro, alguns doces, a maioria azedo. Pequi para todo lado, mas, infelizmente, pequi não se come cru.

Eu subi sem pressa, apreciando a paisagem, comendo cajuzinho e descansando nas raras sombras. De repente, imagem alentadora descortinou-se entre as árvores: as torres do alto da serra.

### Serra de Jaraguá - Parte 4

São 630 m, com inclinação média de 6,7%, máxima de 12%.

O pior já passou. A trilha aplaina e é possível pedalar. As torres estão próximas.

Subi pedalando onde era possível. O *singletrack* tem muitas pedras grandes que dificultam a passagem.

O *single* finalmente termina numa estrada de chão que passa pelas antenas e chega ao mirante da

Serra de Jaraguá. Acabou o sofrimento. Fiquei longos minutos descansando, aproveitando a vista, contemplando a incrível paisagem que o mirante proporciona aos vencedores desse desafio.

> "A vida tem duas faces: Positiva e negativa. O passado foi duro mas deixou o seu legado. Saber viver é a grande sabedoria. Que eu possa dignificar minha condição de mulher, aceitar suas limitações e me fazer pedra de segurança dos valores que vão desmoronando. Nasci em tempos rudes, aceitei contradições, lutas e pedras como lições de vida e delas me sirvo. Aprendi a viver." Cora Coralina

**Serra de Jaraguá - Parte 5**

Depois do merecido descanso, segui viagem para Jaraguá. Desci em êxtase, curtindo cada metro, freando, observando o cerrado e procurando mangaba. Eu gosto muito de mangaba. E fui presenteado com muitas delas. Parava nas mangabeiras e procurava no chão as frutas maduras. Já tinha comido tanto cajuzinho que nem dava mais bola para os cajueiros. Até bacupari e mama-cadela encontrei, ainda verdes.

Estava tão distraído que nem percebi uma vala em minha frente. Meu pneu dianteiro escorregou e eu caí. Não foi nada grave pois estava devagar.

Foram 4,3 km de descida desde o mirante até a Igreja do Rosário.

## Igreja de Nossa Senhora do Rosário

Foi construída em 1776, numa pequena elevação afastada do centro de Jaraguá na época. Era a igreja dos pretos, pois os escravos eram proibidos de assistir celebrações na igreja que os brancos frequentavam, por isso era chamada de Igreja do Rosário dos Pretos.

Suas paredes são de taipa de pilão, cobertura de telhas de barro. Internamente, a nave tem madeiramento do telhado aparente e altares entalhados. O altar lateral é mais trabalhado do que o principal. Seu campanário, com apenas dois pequenos sinos, fica na parte externa. É feito com duas vigas de madeira que sustentam os sinos e um pequeno telhado.

- - -

Pedalei para o centro da cidade. Parei no Banco do Brasil para sacar dinheiro pois o que eu levei havia acabado.

Almocei num restaurante ao lado do banco, bem simples, comida boa, preço justo. Coloquei a *bike* dentro do prédio, em frente ao caixa. Estava com muita sede e pedi uma jarra de suco de cajá, que só chegou à mesa quando eu já estava quase terminando de comer. Foi angustiante esperar pelo suco com tanta sede.

Almoçado, paguei a conta e saí procurando lugar para pernoitar. Depois de algumas voltas pelo centro, cheguei ao Hotel Boa Vista. Pelo porte do hotel e sofisticação da fachada, imaginei que a diária seria cara. Nem me animei a entrar. Estava partindo para continuar a busca quando uma funcionária do hotel passou pela calçada ao meu lado. Perguntei-lhe se sabia o preço da hospedagem. Ela disse que era "cento e poucos reais", bem menos do que eu pensava. Parei a *bike* no *porte-cochère* e fui conferir. Realmente não estava caro para um dia em que eu precisava de descanso. Investi, fiquei!

Além de estar no centro da cidade, o Boa Vista tem piscina, sauna, ar condicionado, quartos novos e limpos. Ideal para um dia de descanso e boa noite de sono.

Deixaram-me subir com a *bike* para o quarto. A primeira providência foi tomar banho. Depois, conferi o freio, que estava muito baixo, e remendei a câmara de ar furada.

A tarde foi preguiçosa: dormi, relaxei na piscina, tomei açaí com cupuaçu na Praça do Coreto, produto que a lanchonete chama de Coquetel. Experimente essa mistura, é deliciosa!

De noite, saí em busca de bom espetinho, que encontrei não muito longe do hotel.

Pernoitar em Jaraguá foi uma ótima decisão. Cidade simpática, povo receptivo, hotel de primeira linha com piscina, sauna e café da manhã completo. O bom de viajar sozinho é que se pode mudar a viagem do jeito que der na telha. Na verdade, não estava tão sozinho: Cora Coralina fazia-me companhia com seus versos inesperados nas curvas do caminho.

Resumo do dia: 40 km percorridos com 883 m de subida.

# VIII

## Dia quatro

**Jaraguá, 18 de outubro de 2018**

*"Eu sou a dureza desses morros, revestidos, enflorados, lascados a machado, lanhados, lacerados. Queimados pelo fogo. Pastados. Calcinados e renascidos."* **Cora Coralina**

Consegui descansar muito bem. Noite tranquila, confortável e gelada. Bendito ar condicionado! Não choveu durante a noite, ou eu não ouvi, sei lá. Quando olhei pela janela do quarto, o céu estava claro, prenunciando belo dia de sol.

### Jaraguá

Jaraguá é uma cidade simpática, com ruas largas sem muito movimento. Tem poucos prédios históricos. Nasceu na época dos bandeirantes, que se fixaram nas margens do Córrego do Jaraguá, entre 1726 e 1728, explorando ouro de aluvião. Em 1748, o Arraial do Córrego do Jaraguá já tinha ruas e capela. Para fornecer alimentos à população das minas, sítios e fazendas foram criados nas redondezas da cidade.

O topônimo Jaraguá deriva do tupi-guarani e significa "senhor do vale". Perto do local onde se formou o arraial havia tribo de índios Jaraguás, que emprestaram o nome à serra, ao córrego e ao então arraial.

A "Marcha para o Oeste" e a construção da Rodovia Belém-Brasília deram impulso ao crescimento da cidade no século XX. Nos anos 1980, Jaraguá viu crescer a indústria de confecções que junto com a agricultura constituem hoje sua base econômica.

- - -

Eu teria mais um dia de tranquilidade para pedalar sem pressa até Itaguari. Subi para a área do café da manhã, na cobertura do prédio. Quando cheguei e olhei para sudoeste, vi que o tempo não estava tão aberto naquela direção. Apesar de concentrada, caía chuva pesada sobre algumas montanhas na direção de Pirenópolis. Mas, por enquanto, no hotel o sol brilhava.

Tomei café sem pressa. Comi e bebi tudo o que tinha direito. O café da manhã do Boa Vista estava ótimo. Voltei para o quarto, juntei minhas tralhas e desci. Às 8h30, eu estava em frente à Igreja de Nossa Senhora da Penha. Pedi proteção para minha jornada.

Duzentos metros à frente, na mesma avenida, há outra igreja que foi transformada em museu: Igreja de Nossa Senhora da Conceição.

### Igreja de Nossa Senhora da Conceição

Foi edificada em 1828 por iniciativa de Antônio de Souza Félix, que mandou construir a igreja em frente a seu sobrado. Suas paredes são de taipa de pilão com um metro de espessura, piso de tábuas e mezanela (tijolo bem queimado), telhas de barro. Tem planta retangular com apenas uma galeria lateral. Campanário e cemitério do lado de fora. Próximo ao altar há cinco sepulturas e, no exterior, duas, porém acredita-se que há mais corpos enterrados.

Todo o entorno da igreja foi modificado, deixando-a isolada e aparentemente deslocada. A galeria lateral, construída para ser depósito e sacristia, hoje abriga o Museu de Jaraguá.

- - -

Continuei meu caminho pela Rua Alto do Rosário, passando pela Igreja do Rosário e seguindo até a saída da cidade. Peguei estrada de chão que desce o vale do Rio Pari, contornando a Serra de Jaraguá pelo norte e oeste. Passei pela mesma bifurcação do dia anterior, que dá acesso à serra, mas não entrei nela, segui em frente pedalando pelo caminho contrário. Passei pelo Pari e pela Ferrovia Norte-Sul. A lama que cobria a ponte havia secado. Nove quilômetros depois da Igreja do Rosário, após cruzar o Córrego Boa Vista, peguei estrada à direita. Dali em diante, novos caminhos.

Segui por estradas de fazenda e pastagens. Na travessia de um riacho, tive outro enfrentamento com animais soltos. A passagem pelo córrego é por ponte e as cabeceiras dela foram levantadas com terra para deixá-la fora do alcance das enchentes. Sobre o aterro há porteira. Várias vacas pastavam perto do córrego, sobre a estrada e nas laterais. Uma das vacas estava bem na frente da porteira. Eu aproximei-me com cuidado. As vacas foram saindo da estrada e afastando-se, menos a vaca da porteira, que estava acuada no alto. A ruminante teria que sair dali pois a porteira abria para o lado onde ela estava. Conversei com a vaquinha, gesticulei, pedi licença, mas ela não me entendeu. Apesar de acuada, estava calma. Deitei a *bike* no chão, fora da estrada, e caminhei pelo lado direito, subindo pelo aterro até chegar à porteira. Antes mesmo de eu tentar abrir, a vaca, vendo a estrada desimpedida, saiu correndo. Pude passar tranquilo.

*"Graças, Senhor, pelo primeiro semeador que lançou a primeira semente na terra e pelo homem que amassou, levedou e cozeu o primeiro pão. Graças, meu Deus, por essa bandeira branca de Paz que traz a certeza do pão."* Cora Coralina

Continuando o caminho, cruzei o Rio dos Patos e subi o vale até Vila Aparecida. Parei num bar para aliviar a sede. Os clientes conversavam sobre o preço do gado.

Seguindo o caminho, cruzei o Ribeirão Água Limpa e, aos 29 km, cheguei a Alvelândia, outro pequeno povoado à margem da BR-070. Parei num bar e tomei Gatorade. Saí do povoado cruzando a BR.

*"Eu sou a dureza desses morros, revestidos, enflorados, lascados a machado, lanhados, lacerados. Queimados pelo fogo. Pastados. Calcinados e renascidos."* Cora Coralina

Apenas cinco quilômetros depois, cheguei a mais um povoado, Palestina, menor que Alvelândia. Nessa comunidade não parei.

*"Amo a terra de um velho amor consagrado através de gerações de avós rústicos, encartados nas minas e na terra latifundiária, sesmeiros. A gleba está dentro de mim. Eu sou a terra. Identificada com seus homens rudes e obscuros, enxadeiros, machadeiros e boiadeiros, peões e moradores."* Cora Coralina

Evandro Torezan

Saindo de Palestina, entrei num trecho de mata fechada de três quilômetros. Subi o morro margeando a mata e cheguei ao ponto mais alto do dia. Comecei a descer, primeiro passando por pastagem onde havia uma série de árvores caídas, derrubadas pelo vento, impedindo a passagem pelo *singletrack* registrado no *tracklog*. Depois, por carreadores, passei por algumas fazendas de gado. Cruzei o Córrego do Bonsucesso, o Córrego do Brás e o Rio Sucuri. Saindo do vale do Sucuri, cheguei a Itaguari por volta de 12h.

**Itaguari**

Apesar de o nome da cidade parecer ter origem indígena, não tem. Ele é um acrônimo inventado quando se resolveu trocar o nome do então povoado de Campestre. Inicialmente, sugeriu-se o nome de Itariguá, sendo "ita" de Itaberaí, "ri" de Sucuri e "guá" de Jaraguá, mas depois optou-se por mudar a ordem das sílabas.

A cidade nasceu quando a decadência das minas de ouro da região levou a população que se ocupava de tal atividade a buscar outras fontes de sustento, fixando-se nas terras próximas ao Rio Sucuri e Córrego Casa das Telhas.

Em 1946, surgiu a ideia de criar-se um aglomerado urbano. Fazendeiros doaram terras e a Igreja Católica fundou o povoado. Por volta de 1966, a Igreja vendeu o povoado a fazendeiros que abriram ruas e venderam lotes. Itaguari tornou-se município apenas em 1987.

- - -

Pedalei até o centro da cidade e almocei num restaurante simples, que servia pratos feitos. Comida boa, preço justo.

Terminado o almoço, fui procurar meu pouso. Há um único hotel na cidade, que fica no Auto Posto Itaguari, à margem da Rodovia GO-154. Quando cheguei, o gerente do hotel não estava, tinha ido almoçar. Ele voltou por volta de 14h, quando pude hospedar-me.

Itaguari é cidade pacata. Seria melhor ter seguido viagem até São Benedito e de lá ter pegado a estrada para dormir em Itaberaí. Passei o resto do dia entre caminhadas ao centro da cidade e sonecas. De noite, jantei no centro, jantinha com espetinho. Jantinha é a revolução da comida de rua. Tem carboidrato, proteína e salada, refeição completa e saborosa.

Resumo do dia: 50 km percorridos com 895 m de subida.

Evandro Torezan

# IX

## Dia cinco

**Itaguari, 19 de outubro de 2018**

*"Todos estamos matriculados na escola da vida, onde o mestre é o tempo."* **Cora Coralina**

Quando eu cheguei ao hotel de Itaguari, havia besouros para todo lado. No quarto não foi diferente. Tinha menos do que ros corredores, mas imaginei que eles logo entrariam. Durante a tarde e a noite eles foram aparecer do em maior número. Passei a caçá-los. Fui colocando-os dentro de uma garrafa PET. Enchi metade da garrafinha de meio litro.

Durante a noite, choveu muito. Pela manhã, quando acordei, a chuva continuava firme. Rezei para que ela parasse enquanto eu tomava café. O hotel tinha café da manhã.

Sete horas da manhã e a chuva continuava. A previsão climática era de chuva o dia todo e o céu confirmava a previsão sombria: estava todo cinza, invernou!

Como era dia de pedal longo e o clima não dava esperança nenhuma de melhora, decidi partir. Peguei a *bike* no depósito, prendi os alforjes, dei uma última olhada no céu tentando encontrar algum buraco no teto de nuvens. Nada!

Saí do posto experimentando a chuva gelada. Atravessei a GO-154 e poucos metros depois entrei na terra. Eu estava muito tenso, com certeza era o dia em que eu estava mais nervoso. Com chuva, as chances de pane multiplicam-se. A estrada estava encharcada, mas sem barro grudento. O Córrego Monjolinho foi o primeiro curso d'água que cruzei no dia.

Segui as pegadas de Cora. Não demorou muito para eu encontrar diferenças entre meu *tracklog* e o caminho marcado pelas pegadas amarelas. Guiei-me pelas pegadas.

Nuvens de aleluia cobriam os campos que eu cruzava. É nesse clima úmido e quente que esses cupins alados costumam sair voando para formar novas colônias. A estratégia deles, de voar durante a chuva, é boa, já que a maioria dos predadores está abrigado. Eu fui atravessando as nuvens de aleluia. Elas entravam pela roupa, pelo capacete, no alforje. Sem querer comi algumas, gosto horrível.

A intensidade da chuva alternava-se. Em alguns momentos, tornava-se fino chuvisco e, em outros, grossa chuva fria que cutucava a pele como agulha. Eu seguia com cuidado, escolhendo com muita atenção o espaço com menos barro da estrada para passar.

Depois de cruzar o Córrego dos Moraes, margeei a mata ciliar do seu vizinho Córrego Jardim e cruzei-o por ponte. A saída deste córrego foi o momento mais tenso do dia. Havia atoleiro na estrada, cujo barro saía de roças laterais recém lavradas. A chuva grossa formava enxurrada forte. Após a área inclinada, depois de uma curva de nível, formou-se piscina de lama. Passei empurrando pelo canto da cerca, tentando evitar o lamaçal. Consegui atravessar, mas o resto da estrada, até chegar à cabeceira do vale, estava igualmente com muito barro e água. No alto, encontrei caminhão de leite entrando na fazenda. A estrada estava tão lisa que ele rodava meio de lado, parecia fazer *drift*, manobrando para manter-se alinhado.

Aos 25 km cheguei a São Benedito. Entrei no povoado pelo sul. Passei pela frente de sua modesta igreja.

*"Vintém de cobre ... Ainda o vejo, ainda o sinto, ainda o tenho, na mão fechada."* Cora Coralina

## São Benedito

A história do povoado está ligada à fé de um homem chamado Benedito, que morava perto dali e trabalhava como artesão, fazendo panelas de barro. Devoto de São Benedito, nunca tinha visto uma imagem do santo, até que, numa visita a Itaberaí, ganhou fotografia dele. De volta a sua casa, baseando-se na fotografia, fez estátua de São Benedito, de barro. Essa imagem acabou sendo doada a uma amiga de Benedito, Dona Adelaide, que construiu altar em sua casa e passou a rezar o terço diariamente em frente ao santo. Com o tempo, ocorreram alguns milagres que foram atribuídos a São Benedito até que, em 1919, o santo ganhou uma festa que se realiza até hoje, anualmente. Moradores de cidades próximas organizavam romarias com destino à então fazenda. Em 1940, iniciou-se a construção da primeira capela, o que incentivou algumas pessoas a construírem casas em volta, dando origem ao povoado que nasceu com o nome de Olhos d'Água.

- - -

A Rodovia GO-156 corta São Benedito. As plantações de mandioca da região abastecem as fábricas da cidade e vários comércios na rodovia expõem os produtos em sacos transparentes. Polvilho (fécula de mandioca) é o que mais se vê.

Parei num bar que servia tapiocas. Nada mais conveniente para um restaurante nesse lugar. A matéria prima é abundante.

Até ali, pedalei debaixo de chuva. Encharcado, tirei minha camisa e removi as dezenas de aleluias que me acompanhavam, antes que elas formassem colônia na minha pele. Coloquei meu casaco impermeável sem nada por baixo, para não passar frio e secar o corpo.

Enquanto a tapioca não chegava, fiquei tomando café e conversando com os proprietários. Nordestinos, vieram trabalhar como caseiros de chácara no entorno do povoado e acabaram fixando-se na comunidade. Como não há restaurantes, construíram o bar, que fornece refeições no almoço e tapioca o dia todo. A tapioca estava muito boa, recheada com carne moída, azeitonas e queijo. Surpreendeu-me pois o bar era muito simples. Enquanto eu comia, a chuva parou.

Terminei de comer, paguei a conta e saí. Pouco antes, passou pela frente do bar um pescador levando suas tralhas numa bicicleta cargueira. Alcancei-o depois dos limites do povoado e segui conversando com ele. Passamos juntos pelo Córrego Manoel Brito. Ele acelerou na descida do Córrego Noronha. A *bike* pesada embala bastante. Cruzado o riacho, pegamos estrada à esquerda e saímos da rodovia. Logo depois, chegamos a um balneário às margens do Rio Uru. Se não me engano, o nome é Balneário das Pedras.

Parecer ser um bom lugar para descansar, tomar banho de rio e beber alguma coisa. O rio é cheio de pedras. Meu amigo pescador ficou por lá.

A estrada seguiu pelo meio de roças. Passei por várias lavouras circulares, irrigadas por pivôs-centrais. Cruzei o Ribeirão São Pedro e logo cheguei a Calcilândia com 47 km de pedal.

## Calcilândia

O povoado de Calcilândia é um arruado à margem da Rodovia GO-522. A três quilômetros da cidade há uma mineradora de calcário. Não tenho certeza quanto à origem do nome do povoado pois não encontrei nenhum estudo toponímico, porém acredito que esteja relacionado às jazidas de calcário.

- - -

Meio-dia. Parei num bar na entrada do povoado, de frente para a GO-522. Havia alguns caminhões parados em frente. Devido à mineradora, o movimento de caminhões é grande. Sentei-me num banco e saquei meu almoço: sanduíche que preparei no café da manhã e uma latinha de atum. A dona do bar estava almoçando e chegou a oferecer-me um prato. Mais uma vez deixei passar a oportunidade pois não estava com muita fome.

Terminei de comer e segui viagem. O caminho dobra a esquina e adentra no povoado, seguindo por rua de terra que corta longitudinalmente a comprida área urbana. Na saída da comunidade há pequeno riacho que passa sob a estrada. Na parte mais baixa acumulou-se muito barro, o mais grudento que encontrei na viagem. Afundei nele quando fui passar, atolei, e tive que empurrar a *bike* para sair de lá. Tirei o máximo de barro que consegui e segui viagem.

Mais algumas centenas de metros e voltei à rodovia, em trecho sem asfalto. Segui por ela por 1400 m até encontrar uma bifurcação. Há placa indicando "Goiás" em frente, e também uma pegada amarela pintada no mourão de uma cerca. Não fica clara a direção que se deve tomar. Fiquei na dúvida e segui pela estrada mais larga, mas logo percebi que saí do *tracklog*. Se continuasse iria passar pelo meio da mineradora, que já estava próxima. Voltei e entrei na estrada da esquerda, mais estreita.

Ali começou o melhor trecho do dia. O caminho transpõe trechos de mata e cerrado. Passei pelo Córrego Cabrinha a vau, onde aproveitei para tirar o barro da *bike*, lavando suas rodas. Começou aí a famosa Serra Dourada. Segui pelo vão entre a Serra Cardosa e a Serra do *Cuscus*, contrafortes da Dourada. Logo cheguei ao Córrego do Gomes, próximo à sede de uma fazenda. A ponte era nova. As cabeceiras, aterradas recentemente, estavam com barro mole. Afundei até o meio da canela. Um rapaz, vendo-me passar, gritou da varanda da casa: "Você vai atolar!" Aproveitei o estabelecimento de comunicação para perguntar por onde seria o caminho. Ele indicou a direção com o braço. Saí do barro, passei pelo meio das casas até beirar o mangueirão e sair da sede da fazenda.

Há várias nascentes nessa área, que escorrem da Serra do *Cuscus* e da Serra Dourada, formando o Córrego do Cabra, o Córrego do Capão e outros.

Antes de cruzar o Córrego do Cabra, comecei a ouvir alguém conversando. Pensei que havia alguma casa próxima, mas eu não via nada, até que, numa curva, avistei antena de celular rural fixada no alto de pequeno poste, com cobertura minúscula embaixo, presa ao poste, onde mal cabia um homem em pé. Pois quando cheguei à antena, lá estava o dono da voz que vinha ouvindo, com celular na mão, abrigado na pequena cobertura, conversando despreocupadamente.

Cheguei a uma porteira. Tirei o celular da mochila, que até ali veio protegido dentro de um saco plástico.

*"Eu sou o caule dessas trepadeiras sem classe, nascidas na frincha das pedras. Bravias. Renitentes. Indomáveis. Cortadas. Maltratadas. Pisadas. E renascendo."* Cora Coralina

O terreno foi ficando mais íngreme e mais selvagem. Passei pelo Córrego do Cabra e pelo Córrego Vendinha. Tem muito cascalho solto próximo ao Vendinha. Pelo aspecto, o local deve ter sido uma lavra. Passei pela água. Não há ponte nem passagem a vau. É preciso pular o riacho, que é pequeno. Há pastagens do outro lado do vale. Estrada passa no alto, para onde segui.

Aos 64 km encontrei outra diferença entre o *tracklog* e as pegadas amarelas. Em uma bifurcação, o *tracklog* seguia em frente, mas as pegadas iam à direita, entrando na estrada que cruzava a mata. Segui as pegadas. A mata era pequena. Logo depois havia casas de um sítio. Passei por alguns colchetes e fui subindo a estrada. Passei próximo às nascentes do Vendinha.

De repente, as pegadas sumiram. Havia passado pela frente de uma passagem funda e estreita, coberta de árvores, chão forrado de pedras salientes. Voltei um pouco e vi sinais amarelos entrando nela. Foram poucos metros dentro dessa vala, talvez cinquenta, mas foi a passagem mais sinistra de toda a viagem.

Saindo da vala, mais um pouco de trilha pelo cerrado do morro e cheguei ao ponto mais alto do dia, aos 865 m de altitude. Ali começou trecho difícil. Não era aclive, pelo contrário, mas passei por uma dúzia de cercas sem colchetes, sem porteiras e sem possibilidade de passar por baixo. Na primeira, cerca nova e alta, tirei os alforjes para pular. Recoloquei a carga, pedalei mais um pouco e logo apareceu outra cerca. Percebi que haveria muitas. Comecei a dar meu jeito de pular sem tirar os alforjes. Foi o trecho da viagem que mais fiz força. Bendita musculação! Se não fosse ela, acho que não teria força suficiente para passar a bicicleta por cima de tantas cercas.

Fui contornando a escarpada borda oeste desse morro percorrendo trilhas *single*, até encontrar o caminho para descer, que adentrou em pastagens. Este trecho tem trilhas pouco definidas. As marcas amarelas estão pintadas em pedras e árvores. É necessário prestar muita atenção. É quase como navegar por azimute.

Segui acompanhando afluentes do Córrego da Praia, cruzando trechos de mata ciliar. Quando cheguei ao Córrego da Praia perdi o rastro de Cora. Percebi logo, e voltei ao último sinal que havia visto, onde reencontrei a trilha. O caminho entra na mata do córrego, por isso não percebi quando as pegadas adentraram na floresta. A mata ciliar estava alagada, parecia até ser um brejo. Acredito que estava assim por causa das chuvas recentes. Apesar disso, o terreno estava firme, peguei pouco barro. Atravessei o córrego e saí da mata. Segui por trilhas no pasto por quinhentos metros acompanhando o riacho, até cruzá-lo novamente, dessa vez a vau. Lavei a *bike* tirando o barro que havia grudado na mata.

Seguindo o caminho, passei por ponte nova, de concreto, sobre riacho cujo nome desconheço, e aos 68 km, ao chegar a uma estrada de chão, reencontrei-me com o traçado do *tracklog* abandonado.

Comecei a fazer paradas a cada dez quilômetros. Parava, descansava alguns minutos e tomava Gatorade.

Mais alguns quilômetros e avistei, do lado direito da estrada, algumas ruínas. Eram paredes de barro vermelho beirando um bosque. Uma placa explica o que é aquele lugar: as ruínas são o que restou da Igreja de Nossa Senhora do Pilar de Ouro Fino e do cemitério adjacente.

*"Todos estamos matriculados na escola da vida, onde o mestre é o tempo."* Cora Coralina

**Ouro Fino**

Povoado fundado em 1727 por Bartolomeu Bueno da Silva (filho), bandeirante que ficou conhecido como Segundo Anhanguera, que garimpava ouro de aluvião no Córrego da Praia. Como o ouro extraído era em pó, o lugar ganhou o nome de Ouro Fino.

Um dos túmulos do cemitério abandonado seria de Chico Mineiro, protagonista de história que virou sucesso da dupla caipira Tonico e Tinoco. Reza a lenda que o Arraial de Ouro Fino seria a famosa Ouro Fino do clássico sertanejo "Chico Mineiro". Os autores da música foram o cantor Tonico (João Salvador Pérez) e Francisco Ribeiro, que era porteiro de uma rádio paulista frequentada pela famosa dupla. A música teria se originado quando o então porteiro

Francisco apresentou poema num programa de rádio, fazendo Tonico lembrar-se da história contada por seu pai quando era criança. Baseando-se no poema e em suas memórias, a letra foi escrita. A música conta a história de dois amigos que só se descobrem irmãos quando um deles, o Chico Mineiro, morre numa festa em Ouro Fino. A tradição oral de Goiás afirma que tal história é verdadeira, que Chico Mineiro seria comprador de gado, foi morto em Ouro Fino e enterrado ali.

Em meados do século XX, com a mudança da Capital de Goiás para Goiânia e com a queda de uma ponte, o povoado foi abandonado. O outrora pujante arraial tinha igreja, cemitério, casas de comércio, habitações e até um seminário.

O que resta de Ouro Fino passa despercebido aos usuários da estrada, mas a área está demarcada, sendo considerada sítio arqueológico pelo IPHAN desde 1996.

- - -

O caminho ficou mais movimentado. Havia várias casas de sítio próximas à estrada. Alguns cavaleiros passaram por mim. Encontrei jacus e tucanos pelas matas que cruzei, e também muitos animais soltos, bois e cavalos, pastando no capim abundante das laterais da estrada.

*"Eu sou a fonte original de toda vida. Sou o chão que se prende à tua casa. Sou a telha da coberta de teu lar. A mina constante de teu poço. Sou a espiga generosa de teu gado e certeza tranquila ao teu esforço. Sou a razão de tua vida. De mim vieste pela mão do Criador, e a mim tu voltarás no fim da lida. Só em mim acharás descanso e Paz. Eu sou a grande Mãe universal. Tua filha, tua noiva e desposada. A mulher e o ventre que fecundas. Sou a gleba, a gestação, eu sou o amor."* Cora Coralina

Encontrei quatro boiadeiros à cavalo saindo de área de pastagem. Eles estavam acompanhados por matilha de cães da raça boiadeiro australiano. Eram sete cães. Eles bebiam água numa poça quando me aproximei e não fui notado. Antes de chegar muito perto, travei o freio traseiro para fazer barulho e alertá-los. Aí sim, viram-me. O mais afoito veio correndo pro meu lado, latindo, e logo foi acompanhado pelos seus parceiros. Felizmente, os cavaleiros gritaram com os cães que se acalmaram, cheiraram o alforje, a bicicleta, meus pés e pernas. Só isso, não me atacaram.

Cheguei ao vale do Rio Vermelho, importante na história nacional. A Cidade de Goiás nasceu em suas margens, a Casa de Cora Coralina fica em suas margens. Enchentes do Rio Vermelho já destruíram a cidade algumas vezes.

Ao norte estavam as nascentes do Rio Vermelho e ao sul estava a bela Serra de São Francisco, contraforte da Serra Dourada que segue para noroeste. Serra cheia de mata, a Cidade de Goiás está a seus pés.

Passei pela ponte do Córrego Vai-Vem. Dizem que era ponte assombrada. Os cavalos "passarinhavam" (ficavam incontroláveis, indóceis), negavam-se a passar pela ponte, fazendo-o apenas à força. Os animais que não caíam da ponte chegavam exaustos ao outro lado, imprestáveis para continuar viagem. Minha *bike* também "passarinhou" ao escorregar na areia acumulada sobre a ponte, mas passei ileso.

> *"De todos os tempos. De todos os povos. De todas as latitudes. Ela vem do fundo imemorial das idades e carrega a carga pesada dos mais torpes sinônimos, apelidos e apodos: Mulher da zona, Mulher da rua, Mulher perdida, Mulher à-toa. Mulher da vida, minha irmã. Pisadas, espezinhadas, ameaçadas. Desprotegidas e exploradas. Ignoradas da Lei, da Justiça e do Direito."* Cora Coralina

Um quilômetro e meio depois, deparei-me com muro comprido à esquerda da estrada e bela igreja colonial branca com detalhes verdes. Cheguei ao Ferreiro.

## Ferreiro

O Arraial do Ferreiro nasceu por volta de 1727, sendo contemporâneo ao Arraial de Ouro Fino e ao Arraial de Santana (Goiás Velho). Por lá vivia um artífice, mestre na ferraria, um ferreiro, daí o nome do lugar. Com o esgotamento das minas, a atividade do povoado migrou para a agropecuária, o que desagregou o núcleo urbano dando origem a chácaras e sítios.

## Igreja de São João Batista

A Igreja de São João Batista foi construída em 1761. É um templo simples, nave única, telhado de duas águas tipo andorinha. A capela-mor tem altar de tábuas de madeira. Sobre a porta de entrada há coro e óculo no alto da fachada, que ilumina o interior. Suas paredes são de taipa de pilão e adobe e o piso é de mezanela. Há pequeno sino pendurado em traves na parte externa, à direita.

Ao lado há cemitério e, contíguas à igreja, foram construídas salas auxiliares laterais. Foi tombada pelo IPHAN em 1953. Em 2012, a capela foi restaurada.

- - -

A parada foi rápida. A porta principal da igreja estava aberta. Quando abri, alguns pássaros saíram voando. Tomei um susto. Entrei. A igreja continua bem preservada, apesar das paredes um pouco sujas.

Evandro Torezan

Seguindo o caminho, passei pelo Córrego Prisca e logo cheguei à Rodovia GO-164. Do outro lado da pista havia uma grande seta amarela presa a uma árvore indicando a esquerda.

Faltava muito pouco para terminar minha cicloviagem e uma das partes mais aguardadas por mim estava chegando: a passagem pela Estrada Real no Parque Municipal Natural da Estrada Imperial. Fui descendo pelo asfalto sem pressa, curtindo a paisagem do parque cortado pela rodovia. De repente, saí do *tracklog*, mas não vi a pegada de Cora desviar o caminho. Voltei um pouco e o *tracklog* indicava uma estrada estreita, abandonada, sendo tomada pelo mato, onde havia porteira bem fechada com grossa corrente. Fiquei na dúvida: será que perdi alguma pegada? Continuei descendo pelo asfalto, mas além de não aparecem os sinais amarelos, me aproximava muito da cidade. Decidi voltar até a última marca que havia passado. Voltei. Escalei a rodovia até a saída da estrada de terra. Desci muito atento, mas aconteceu o mesmo: as marcas sumiram e o *tracklog* entrava na porteira. Tentei buscar informações num restaurante, mas, apesar de estar aberto, não havia ninguém por lá. Tive que seguir pelo asfalto.

Não demorei para chegar ao trevo da cidade. Cheguei à Cidade de Goiás! Em vez de seguir direto para o centro, fui para o Largo da Carioca, local onde a Estrada Real chegava à cidade. Atravessei o Rio Vermelho e retomei o caminho. Cruzei

106

vagarosamente as ruas da cidade que me levavam ao centro, observando a bela arquitetura colonial das casas. Passei pela Igreja do Rosário e às 16h cheguei ao ponto final, a Casa Velha da Ponte, a Casa de Cora Coralina, o final de minha peregrinação pelo interior de Goiás.

Resumo do dia: 91 km percorridos com 1336 m de subida.

Cruzei o Rio Vermelho pela Ponte da Lapa. No pequeno largo em frente à ponte está a Cruz do Anhanguera, fixada sobre plataforma quadrada com quatro metros de altura, construída sobre quatro colunas.

> *"Rio Vermelho - meu rio. Rio que atravessei um dia (Altas horas. Mortas horas.) há cem anos... Em busca do meu destino."* Cora Coralina

Ao lado da ponte, homens da cidade vendiam frutos do cerrado. Destacavam-se bacias de pequi e mangaba colocadas sobre o parapeito que acompanha o rio na área urbana. Fui conferir as frutas. Experimentei as mangabas maduras (deliciosas!) e comprometi-me a passar por lá quando fosse embora da cidade para levar uma baciada.

Foram os vendedores que me indicaram pousadas boas e baratas na cidade. Acabei escolhendo a Pousada do Sol. Bem localizada, preço justo e o melhor: *bike friendly*! Pude lavar a bicicleta e meus equipamentos no gramado ao lado do estacionamento e deixá-la do lado de fora do quarto sem amolações.

Depois do banho, fui caminhar pelo centro e apreciar a arquitetura da cidade. Goiás tem um centro histórico enorme e bem conservado. Há vários museus e igrejas. As casas preservam suas fachadas do século XVIII, levando-nos a uma viagem no tempo.

Meu jantar foi na Ouro Fino Pizza. Eu não costumo tomar bebidas alcoólicas, mas pedi uma cerveja para comemorar a conclusão da viagem. Escolhi cerveja escura, *long neck*. Fui tomando devagar, mas de barriga vazia. Percebi que estava ficando meio alto. Conferi a graduação alcoólica: 11%. Por isso subiu rápido. Mesmo depois de comer a pizza, o efeito do álcool não passou. Não sei como voltei pro hotel, mas o sono foi ótimo!

# X

# Goiás

**Cidade de Goiás, 20 de outubro de 2018**

*"Goiás, minha cidade... Eu sou aquela amorosa de tuas ruas estreitas, curtas, indecisas, entrando, saindo uma das outras. Eu sou aquela menina feia da ponte da Lapa. Eu sou Aninha."* **Cora Coralina**

Quando eu quero mais, eu vou pra "Goiais"! É lindo, não há como negar. O Estado de Goiás é um dos mais bonitos do país. Tem características naturais e históricas únicas.

O nome Goiás é de origem indígena. A nação Goiá habitava grandes extensões do Brasil Central. Goiá ou Guoyá vem do tupi e significa "gente da mesma raça".

## Cidade de Goiás

Em 1683, o bandeirante Bartolomeu Bueno da Silva chegou às cabeceiras do Rio Vermelho, na Serra Dourada. Vendo índias adornadas com peças de ouro, perguntou de onde viria o metal, porém os índios não queriam revelar a localização. Para forçá-los, encheu um prato de aguardente, ateou fogo e disse aos nativos que colocaria fogo nos rios se não lhe mostrassem onde estaria o ouro. Os índios ficaram impressionados e passaram a chamar o bandeirante de Anhanguera, que significa "diabo-que-foi", "diabólico" ou "diabo velho". Bartolomeu retornou a São Paulo levando ouro e índios cativos.

Em 1722, parte de São Paulo a bandeira do filho de Anhanguera, que por ter o mesmo nome do pai, Bartolomeu Bueno da Silva, ganhou a mesma alcunha. A bandeira perambulou pelo sertão durante quatro anos, até finalmente reencontrar o local onde Anhanguera-Pai havia feito roça. No local, em 1726, Anhanguera-Filho fundou o Arraial da Barra, atual Buenolândia, e no ano seguinte fundou os arraiais de Ouro Fino, Ferreiro e Santana.

Em 1739, foi criado o município, e o Arraial de Santana recebeu o nome de Villa Boa de Goyaz, em homenagem ao seu fundador, com "Boa" derivando de "Bueno". Em 1818, Vila Boa tornou-se sede administrativa da Capitania de Goiás e o nome da cidade passou a ser apenas Goiás. Até 1937, a Cidade de Goiás foi a Capital do Estado, quando então foi assinado o decreto que transferiu a Capital para Goiânia.

- - -

Andar pela Cidade de Goiás é como voltar ao passado. Se não fossem os carros, os postes, os fios de energia, as roupas modernas dos transeuntes, em certos cantos da cidade veríamos a mesma paisagem do século XVI I. Há muitas construções históricas, museus, igrejas. A Cidade de Goiás conserva cerca de 90% de sua arquitetura do século XVIII. Em 2001, recebeu da Unesco o título de Patrimônio Histórico e Cultural da Humanidade.

Quem chega a Goiás pelo Caminho de Cora Coralina tem o primeiro contato com a bela arquitetura colonial nas ruas Dom Bosco, Luiz Guedes Amorim e Dom Cândido. Ao final desta última, à margem do Rio Vermelho, está a bela Casa Velha da Ponte, a Casa de Cora Coralina. Vale a visita. Conhece-se não apenas a história de Cora como também a arquitetura da casa e seus detalhes mais interessantes.

Atravessando a Ponte da Lapa sobre o Rio Vermelho, bem à frente, está a Cruz do Anhanguera.

### Cruz do Anhanguera

No pequeno largo em frente à ponte, lugar onde existia a Igreja da Lapa, destruída por enchente no século XIX, está fixada a Cruz do Anhanguera sobre plataforma quadrada com quatro metros de altura, construída sobre quatro grossas colunas de concreto. Placa metálica fixada na base traz informações sobre ela:

"Cruz do Anhanguera. Descoberta em 1915 pelo Dr. Luiz Ramos de Oliveira Couto. Implantada em 17 de setembro de 1918."

A cruz que ali jaz desde 2002 não é a original. No último dia de 2001, enchente violenta do Rio Vermelho levou consigo a cruz original, que foi encontrada dois dias depois enterrada na lama. A cruz, aos pedaços, não voltou mais ao largo. Em seu lugar colocou-se uma réplica. A cruz original foi levada ao Museu das Bandeiras, onde está exposta.

A Cruz do Anhanguera foi encontrada em Catalão em 1915. Estava assentada próxima à sede de uma fazenda, às margens do Ribeirão Ouvidor, a cerca de seis quilômetros do antigo Porto Velho do Rio Paranaíba. A cruz estava fincada ao lado da mais antiga picada de acesso a Goiás, aberta pela bandeira de Anhanguera-Filho. Quando da passagem da bandeira, no local ficou um dos padres para plantar roças. Esse padre era originário da Catalunha, ou seja, era catalão, de onde se derivou o nome da cidade.

Descoberta por Luiz Couto, na base da cruz havia a inscrição 172, sendo o último número ilegível. Couto considerou ser "2" o número faltante, o que confirmaria ser a cruz deixada como marco pela bandeira de Anhanguera. A cruz foi então transportada para Catalão e posteriormente para a Cidade de Goiás.

Não há como afirmar categoricamente que a cruz que está no Museu das Bandeiras seja realmente a cruz deixada pela bandeira de Anhanguera-Filho, mas há fortes indícios, como o local onde foi encontrada e a data inscrita na base. Além disso, os bandeirantes costumavam fixar cruzes nas localidades por onde passavam para "marcar território".

- - -

Minha esposa chegaria à cidade somente na parte da tarde. Estava vindo de carro desde Brasília. Com a manhã livre, fui andar pela cidade, conhecer seus museus. Meu primeiro destino foi o Memorial Paulo Bertran. Caminhei desde o centro de Goiás até a sede do instituto, na Pousada Dona Sinhá. Fui atendido por Irene, que gentilmente abriu as portas do lugar.

**Memorial Paulo Bertran**

Paulo Bertran Wirth Chaibub nasceu em Anápolis em 1948. Formou-se em Economia pela Universidade de Brasília e especializou-se em História na Universidade de Strasbourg (França).

Há alguns anos, deparei-me com o livro *História da Terra e do Homem no Planalto Central*, de Paulo Bertran. Fiquei fã do autor. Como grande parte dos brasileiros, eu imaginava que a história do Distrito Federal havia começado quando Juscelino Kubitschek decidiu mudar a Capital para o Planalto Central, mas depois de mudar-me para Brasília, descobri que por aqui havia muito mais história do que pensava. O livro mudou totalmente minha visão sobre o que era o Planalto Central antes de JK, antes de Luís Cruls percorrer estes sertões para delimitar a área onde um dia Brasília seria construída, antes até mesmo de os bandeirantes devassarem estas terras.

Para quem gosta de história e quer conhecer melhor o Planalto Central, é leitura obrigatória. Em dezoito capítulos, Bertran relata lendas e mitos, enumera bandeirantes e cientistas que percorreram o interior do Brasil, esmiúça a exploração aurífera, caracteriza o *Homo cerratensis*, descreve a economia das antigas cidades, relaciona lugares famosos e alguns que estão presentes em documentos históricos, mas que nunca foram encontrados.

Em 2003, Paulo e alguns amigos criaram o Instituto Bertran Fleury, em Brasília. Após seu falecimento, o instituto ganhou sede própria na Cidade de Goiás. Assim nasceu o Memorial Paulo Bertran, museu que guarda parte de sua biblioteca, alguns de seus pertences, objetos, estátuas, etc.

Bertran morreu em Goiânia, em 2005, aos 56 anos, deixando como legado obras de grande valor.

- - -

Não consegui conversar com a viúva de Paulo, Maria das Graças Fleury Curado, que vive em Goiânia.

Voltei ao centro. Fui conhecer os museus. A primeira visita foi à casa de minha companheira de viagem, Cora Coralina.

O Museu Casa de Cora Coralina está localizado na casa em que Cora Coralina morou em momentos distintos de sua vida: na infância e juventude, com os pais; e quando retornou a Goiás, já viúva. O prédio pertence ao Governo Federal, comprado da família por preço simbólico. O museu abriga fotos, manuscritos, utensílios domésticos, móveis e livros, acervo pertencente aos herdeiros. A visita guiada ajuda a entender a história da escritora doceira e conhecer por dentro a arquitetura das casas coloniais de Goiás. A casa foi construída por volta de 1770 e teve vários moradores antes de ser comprada pelo trisavô de Cora, o Sargento-Mor João José do Couto Guimarães. É uma casa enorme de dezesseis cômodos, quintal amplo e bica d'água potável.

*"Minha Casa Velha da Ponte... assim a vejo e conto, sem datas e sem assentos."* Cora Coralina

Terminada a visita à casa de Cora, segui para o Palácio do Conde dos Arcos, que foi a sede do Governo de Goiás até a Capital ser transferida para Goiânia. Ele tem esse nome em homenagem ao primeiro governador da então Capitania de Goiás, Dom Marcos de Noronha, o Conde dos Arcos. O palácio foi construído no século XVIII e passou por várias reformas. O acervo é composto por móveis e objetos de várias épocas.

Decreto estadual determina que a Capital do Estado seja transferida provisoriamente para a Cidade de Goiás uma vez por ano, no dia de seu aniversário (25 de julho), ocasião em que o Palácio do Conde dos Arcos volta a ser a sede do Governo.

Dali fui ao Museu das Bandeiras, que está abrigado numa casa construída também no século XVIII para ser Casa de Câmara e Cadeia. Na parte térrea ficava a cadeia, cujo acesso dava-se apenas por alçapões no chão do primeiro andar. Não havia portas no térreo. O primeiro andar era acessível por escadas de madeira na parte externa do edifício. Os amplos salões do primeiro andar serviam aos poderes legislativo e judiciário da época. O que mais chama atenção são: a Cruz do Anhanguera; os utensílios e ferramentas utilizadas em garimpos e por ourives; e as celas, enormes, de paredes largas de taipa de pilão.

- - -

Minha esposa chegou às 12h. Passeamos pela cidade, almoçamos no Restaurante Braseiro, de comida típica goiana, que fica na Rua Senador Caiado, no início do larço onde está o Chafariz da Boa Morte. Além da comida boa, o restaurante tem sucos de frutas do cerrado.

A cidade é bem pacata. Durante o sábado à noite havia pouco movimento pelas ruas. Jantamos no centro: empadão goiano.

Evandro Torezan

# XI

# Final

## Cidade de Goiás, 21 de outubro de 2018

Tomamos café da manhã e partimos de volta para Brasília. Antes de sair da cidade, passei pela Ponte da Lapa onde estavam os vendedores de frutas. Conforme havia prometido, comprei duas baciadas de mangaba. Algumas delas eram bem grandes, pareciam pêssegos, mas fica a dica: as menores são as mais saborosas.

Hora de voltar para casa. Momento de refletir sobre essa viagem solitária. É bom passar um tempo sozinho, sofrendo em cima da *bike*. Cada pequeno prazer é valorizado. A água quente da caramanhola, o sanduíche amassado de pão murcho, a sombra magra das árvores do cerrado, o frescor dos riachos, o calor do sol, a solidariedade do ser humano, os sorrisos, os olhares, as perguntas. Momento de valorizar o que se tem em casa e passa despercebido no cotidiano: o alimento, o conforto, a família, o trabalho.

Obrigado, meu Deus, pela saúde. Obrigado, família, pelo apoio. Obrigado bicicleta, por levar-me sempre pela vida. Obrigado Cora Coralina, pelas palavras de incentivo deixadas nas placas do caminho.

*"O que vale na vida não é o ponto de partida e sim a caminhada. Caminhando e semeando, no fim, terás o que colher."*
**Cora Coralina**

# Gostou da viagem? Faça você também.

Se você gostou do que leu e ficou interessado em fazer a mesma viagem, acesse o *blog* https://serpedalante.com/cora . Veja fotos, mapas e faça o *download* dos *tracklogs* e planilhas de planejamento da viagem.

Eu gostaria de saber sua opinião sobre o livro. Deixe seu recado nos comentários do *blog*.

Evandro Torezan

# Referências

1. Bertran, Paulo. História da Terra e do Homem no Planalto Central: ECC-HISTÓRIA DO DISTRITO FEDERAL - Do Indígena ao Colonizador. 2ª edição. Brasília: Editora UNB, 2011.

2. Site do Caminho de Cora Coralina. Disponível em: <http://www.caminhodecoracoralina.com.br>. Acesso em: 11 de janeiro de 2019.

3. Site do Museu Cora Coralina. Disponível em: <http://www.museucoracoralina.com.br>. Acesso em: 11 de janeiro de 2019.

4. Blog DM. A Cruz do Anhanguera. Disponível em: <http://www.dm.com.br/entretenimento/2018/05/a-cruz-do-anhanguera.html>. Acesso em: 11 de fevereiro de 2019.

5. Morais, Lucinete Aparecida. Comunidade do Ferreiro (GO): a terra, a luta e o sagrado. 2017. 106. Dissertação de pós-graduação - Universidade Federal de Goiás, Goiânia, 2015.

6. Melo, Laura Ludovico de. Ouro Fino: Um arraial ... uma igreja ... um largo . . e uma vaga lembrança na paisagem. 2014. 20. Manuscrito - Pontifícia Universidade Católica de Goiás. 2014.

7. Site da Prefeitura Municipal de Santo Antônio do Descoberto. Disponível em: <https://santoantoniododescoberto.go.gov.br/novo/index.p hp/historia/historico>. Acesso em: 12 de fevereiro de 2019.

8. Site Curta Mais. Disponível em: <http://curtamais.com.br/goiania/olhos-dagua-a-cidade-do-interior-de-goias-no-meio-do-caminho-de-goiania-a-brasilia-que-encantou-carlos-drummond-de-andrade>. Acesso em: 12 de fevereiro de 2019.

9. Site Olhos d'Água. Diponível em: <http://ricardojsabino.wixsite.com/olhosdagua/historia>. Acesso em 12 de fevereiro de 2019.

10. Site do IBGE. Diponível em: <https://biblioteca.ibge.gov.br/visualizacao/dtbs/goias/coru mbadegoias.pdf>. Acesso em 12 de fevereiro de 2019.

11. Site da Prefeitura de Pirenópolis. Diponível em: <https://www.pirenopolis.go.gov.br/municipio/a-cidade>. Acesso em 14 de fevereiro de 2019.

12. Site da Paróquia Nossa Senhora do Rosário de Pirenópolis. Diponível em: <http://www.paroquiadorosario.org.br/portal/institucional/n ossa-hostoria>. Acesso em 15 de fevereiro de 2019.

13. Site da Fazenda Babilônia. Disponível em: <http://www.fazendababilonia.com.br/historia>. Acesso em 15 de janeiro de 2019.

14. Site da Prefeitura Municipal de São Francisco de Goiás. Disponível em: <http://saofranciscodegoias.go.gov.br/pagina/185--historia-da-cidade>. Acesso em 20 de janeiro de 2019.

15. GOIÁS. LEI Nº 18.844, DE 10 DE JUNHO DE 2015. Altera a denominação e delimita a área do Parque Estadual da Serra de Jaraguá e dá outras providências, Goiânia, GO. Disponivel em: <http://www.gabinetecivil.goias.gov.br/leis_ordinarias/2015 /lei_18844.htm>. Acesso em: 16 de fevereiro de 2019.

16. Site iPatrimônio. Disponível em: <http://www.ipatrimonio.org/?p=19659>. Acesso em 15 de janeiro de 2019.

17. Site do IBGE. Disponível em: <https://cidades.ibge.gov.br/brasil/go/jaragua/historico>. Acesso em 17 de janeiro de 2019.

18. Site da Prefeitura Municipal de Jaraguá. Disponível em: <http://www.jaragua.go.gov.br/pagina/202-historia->. Acesso em 18 de janeiro de 2019.

19. Portal da Cidade de Jaraguá. Disponível em: <http://www.jaraguago.com.br/historia.php>. Acesso em 18 de janeiro de 2019.

20. Site iPatrimônio. Disponível em: <http://www.ipatrimonio.org/?p=49244>. Acesso em 18 de janeiro de 2019.

21. Site da Prefeitura Municipal de Itaguari. Disponível em: <https://www.itaguari.go.gov.br/sobre-o-municipio/historia/>. Acesso em 18 de janeiro de 2019.

22. Site da empresa Receptivo Araraúna. Disponível em: <http://caminhodecora.tur.br/mountainbike/175km-sao-francisco-goias>. Acesso em 19 de janeiro de 2019.

23. Mugnaini JR., Ayrton. Enciclopédia das Músicas Sertanejas. 1ª edição. São Paulo: Letras & Letras, 2001.

24. Site do Instituto Bertran Fleury. Disponível em: <http://institutobertranfleury.org.br>. Acesso em 2 de fevereiro de 2019.

**O autor:** Evandro Torezan é natural de Londrina/PR. Mora em Brasília desde 2008. Formou- se em Ciência da Computação pela Universidade Estadual de Londrina. Servidor público desde 2009, em 2012, ingressou no Tribunal de Contas da União. Apaixonado por ciclismo, sempre escreveu sobre o assunto, relatando suas aventuras no *blog* Ser Pedalante (serpedalante.com). Em 2017, publicou seu primeiro livro, *De catedral a catedral*, que relata sua luta para ingressar no serviço público federal.

Conheça outro livro do autor:
**De catedral a catedral: como passar em concurso público andando de bicicleta**

Religiosidade e fé em uma aventura pelo interior do Brasil.

Tudo começou com uma necessidade. Ser aprovado em concurso público era um sonho. Assim, o sonho virou promessa, e, entre o sonho e a realização, só havia ele. *De catedral a catedral* conta a história de Evandro, que, na luta para melhorar a vida de sua família, prometeu pedalar de Brasília a Aparecida, caminho de 1700 quilômetros.

O autor relata as técnicas de estudo, a aventura vivida para cumprir sua promessa e como a bicicleta influenciou sua vida, ajudando-o a passar em oito concursos públicos consecutivos, entre eles, um dos mais disputados do País.

Uma história real, vivida nos caminhos isolados do Planalto Central, nos meandros selvagens da Serra da Canastra, na misticidade bruta do Caminho da Fé e na histórica Estrada Real.

Acesse: serpedalante.com/catedral